Sentier vers
Saint-Jacques
de-Compostelle

via Arles > *Arles - Toulouse*

GR® 653

AVEC L'APPUI TECHNIQUE
DES COMITÉS DÉPARTEMENTAUX
DE LA RANDONNÉE PÉDESTRE
DES BOUCHES-DU-RHÔNE, DU GARD, DE L'HÉRAULT,
DU TARN, DE L'AUDE ET DE LA HAUTE-GARONNE

Région
Provence
Alpes
Côte d'Azur

Languedoc
Roussillon
Comité Régional
du Tourisme

RÉGION
MIDI-PYRÉNÉES

Département
Hérault
Conseil Général

TARN
CONSEIL
GENERAL

FFRandonnée
www.ffrandonnee.fr

CIRQUE DE L'INFERNET / Photo F.B.

Sommaire

Comment utiliser ce guide GR®

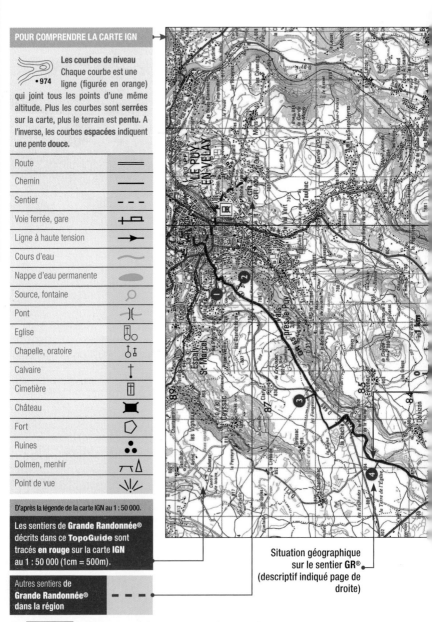

COMMENT UTILISER CE GUIDE

POUR COMPRENDRE LA CARTE IGN

Les courbes de niveau
Chaque courbe est une ligne (figurée en orange) qui joint tous les points d'une même altitude. Plus les courbes sont **serrées** sur la carte, plus le terrain est **pentu**. A l'inverse, les courbes **espacées** indiquent une pente **douce**.

• 974

Route	═══
Chemin	──
Sentier	- - -
Voie ferrée, gare	╅╍▭
Ligne à haute tension	──►
Cours d'eau	～
Nappe d'eau permanente	⬭
Source, fontaine	♀
Pont	)(
Eglise	🗂o
Chapelle, oratoire	♂ ᵢ
Calvaire	†
Cimetière	⊞
Château	▬
Fort	⬠
Ruines	∴
Dolmen, menhir	⊤ Δ
Point de vue	�

D'après la légende de la carte IGN au 1 : 50 000.

Les sentiers de **Grande Randonnée**® décrits dans ce **TopoGuide** sont tracés **en rouge** sur la carte IGN au 1 : 50 000 (1cm = 500m).

Autres sentiers de **Grande Randonnée®** dans la région
- - - -

Situation géographique sur le sentier **GR**® (descriptif indiqué page de droite)

4 • GR®653 • Sentier vers Saint-Jacques-de-Compostelle

◄● Découverte
de la nature
et du patrimoine

Le sentier GR® 65
Du Puy à Figeac

GR® 65

◄● N° du GR®

◄● Titre de l'itinéraire.

Du Puy-en-Velay à La Roche   `5,5 km` `1 h 15` ◄

Au Puy > 🏠🖼️👤🍴✕🍺ℹ️🚌🚻

Au Puy-en-Velay (625 m), le GR® 65 part de la cathédrale.

👁 > Succédant à des monuments antérieurs (gallo-romain, 5ᵉ et 9ᵉ), l'église actuelle fut bâtie au 11ᵉ et à la fin du 12ᵉ. Au style roman, sobre et austère, s'ajoutent les influences arabes et byzantines. Le clocher est indépendant, le baptistère Saint-Jean, du 10e, lui fait face et un magnifique cloître roman se développe contre le mur Nord de l'église. Dans la sacristie : livre d'or réservé aux pèlerins et randonneurs..

1 Emprunter une route revêtue jusque sur le plateau dominant la ville.

2 Le GR® utilise ensuite sur la gauche un large chemin caillouteux qui aboutit à un carrefour marqué par un fût de croix [👁 > croix de Jalasset datée de 1621 dont seul le fût subsiste], passe à droite de ce monument et contourne la butte de Croustet.

👁 > Le chemin passe sur la gauche d'une petite montagne le Croustet, qui frappe par son aspect ◄ régulier. Appelée "garde" dans le pays, il s'agit d'un petit cône volcanique de type strombolien, déjà un peu remanié par l'érosion. Il est essentiellement formé de projections scoriacées assez meubles exploitées sous le nom de pouzzolanes.

3 Le GR® atteint la D 589 ; la couper et prendre en face le chemin de terre gravilloné, qui débouche dans un carrefour. Suivre à gauche le chemin qui devient goudronné aux premières maisons de La Roche (872 m).

De La Roche à Saint-Christophe-sur-Dolaizon   `3 km` `45 mn`

Le GR® 65 traverse la D 589 et contourne La Roche par un chemin en corniche au-dessus du ravin de la Gazelle, qui continue ensuite sous la ligne de crête.

4 Le GR® 65 se dirige à droite, traverse un petit bois, s'abaisse jusqu'au ruisseau de la Gazelle pour ◄ le franchir un peu plus en amont et remonte sur sa rive droite jusqu'à Saint-Christophe-sur-Dolaizon (908 m).

👁 > Eglise du 12e siècle, construite en brèche volcanique rougeâtre avec clocher-arcade percé de 4 ouvertures. Côté Sud, plusieurs enfeus à l'extérieur. Ce monument se trouve mentionné dès 1161, puis en 1204 dans un document émanant des Templiers du Puy. La seigneurie et le château apparaissent dès le 14e siècle dans diverses pièces d'archives.

Hors GR® > Pour Dolaizon (890 m) `1 km` `15 mn` 🛏✕ ◄
> Suivre la route qui part à droite du cimetière.

GR® 65 • Du Puy à Figeac• **31**

◄● **Descriptif du bandeau :**
⬛ L'étape de… à
⬛ Kilométrage
⬜ Temps de marche
▬ Couleur du balisage

◄● 👁 Curiosités touristiques,
monuments, etc …
à découvrir durant
l'étape.

4 Situation sur la carte
(indiquée p. de gauche),
● avec descriptif détaillé
du sentier de Grande
Randonnée®.

itinéraires Hors GR® :
⬛ Distance
⬜ Temps de marche
▬ Couleur du balisage
🛏✕ Ressources
disponibles (voir tableau
des hébergements p.11)

👁 Curiosités, etc…
*"Le **Hors GR®**
est un itinéraire, généralement
non balisé, qui permet de
rejoindre un hébergement,
un moyen de transport, un
point de ravitaillement.
Il est indiqué en tirets
sur la carte".*

QUELQUES RANDONNÉES

Idées de randonnées

GR® 653

LES ITINÉRAIRES DÉCRITS
• **GR®** 653 d'Arles à Toulouse (465 km).

LE BALISAGE DES SENTIERS
Le sentier **GR®** 653 est balisé en blanc et rouge.

SIX RANDONNÉES DE 1 à 3 JOURS

De Lodève à Joncels	**1 Jour**
de Lodève à Joncels (p. 83 à 85)	**23,5 km**

D'Arles à Vauvert	**2 Jours**
1er jour : d'Arles à Saint-Gilles (p. 31 à 47)	**20,5 km**
2e jour : de Saint-Gilles à Vauvert (p. 47 à 49)	**16,5 km**

De Montpellier à Saint-Guilhem	**2 Jours**
1er jour : de Montpellier à Montarnaud (p. 65 à 69)	**23 km**
2e jour : de Montarnaud à Saint-Guilhem (p. 69 à 75)	**22 km**

De Castres à Revel	**2 Jours**
1er jour : de Castres à Dourgne (p. 113 à 115)	**23,5 km**
2e jour : de Dourgne à Revel (p. 115 à 117)	**20,2 km**

D'Avignonet-Lauragais à Baziège	**2 Jours**
1er jour : d'Avignonet-Lauragais à Villefranche-de-Lauragais (p. 125)	**11 km**
2e jour : de Villefranche-de-Lauragais à Baziège (p. 129 à 131)	**15 km**

De Vauvert à Montpellier	**3 Jours**
1er jour : de Vauvert à Villetelle (p. 49 à 57)	**22 km**
2e jour : de Villetelle à Baillargues (p. 57 à 59)	**19 km**
3e jour : de Baillargues à Montpellier (p. 59 à 65)	**15,5 km**

Suivez les balisages de la **FFRandonnée**

LES TYPES DE BALISAGE

Type d'itinéraires			
Bonne direction			
Tourner à gauche			
Tourner à droite			
Mauvaise direction			

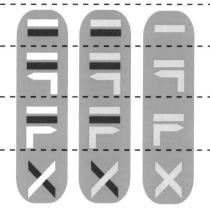

1 Grande Randonnée / **2** Grande Randonnée de Pays / **3** Promenade & Randonnée

MARQUAGES DES BALISAGES

Le jalonnement des sentiers consiste en marques de peinture sur les arbres, les rochers, les murs, les poteaux ou plaquettes. Leur fréquence est fonction du terrain.

Les baliseurs : savoir-faire et disponibilité
Pour cheminer sereinement, 6 000 bénévoles passionnés s'activent toute l'année, garants d'un réseau de 180 000 kilomètres de sentiers, sélectionnés et aménagés selon des critères de qualité.

Avant de partir… en randonnée

AVANT DE PARTIR

Période conseillée

• La saison idéale pour parcourir l'itinéraire se situe au printemps et en automne.

• En période de chasse, ne pas s'écarter du chemin balisé qui est ouvert au public, (de chaque côté du chemin, respectez les propriétés privées).

• Avant de partir, il est prudent de se renseigner sur les conditions météorologiques des jours à venir : Météo France, 32 50.

Difficultés

Le sentier GR® 653 ne présente aucune difficulté aux randonneurs équipés convenablement. Cependant :

• attention au brouillard fréquent et parfois épais sur l'itinéraire traversant les monts d'Orb, puis le plateau des Lacs (Laouzas, Raviège), lequel peut être enneigé en hiver.

• l'itinéraire héraultais présente des dénivelés cumulés importants à partir de Saint-Guilhem-le-Désert.

• attention au sol caillouteux plus particulièrement entre Saint-Guilhem-le-Désert et Saint-Martin d'Orb.

• attention au brouillard fréquent et parfois très épais dans les monts de Lacaune et sur le plateau d'Anglès.

Temps de marche

Les temps de marche indiqués dans ce guide sont indicatifs. Ils correspondent à une marche effective d'un marcheur moyen. Attention ! Les pauses et les arrêts ne sont pas comptés.

Le rythme de marche est calculé sur la base de 4 km à l'heure, parfois moins si le dénivelé est important ou le parcours accidenté.

Chacun adaptera son rythme de marche selon sa forme physique, la météo, le poids du sac, etc.

Modifications d'itinéraires

Le parcours correspond à la description qui est faite dans le topo-guide. Toutefois, dans le cas de modification d'itinéraire, il faut suivre le nouveau balisage qui ne correspond plus alors à la description. Ces modifications sont disponibles auprès du Centre d'information de la Fédération française de la randonnée pédestre (voir rubrique Adresses utiles) et sur le site www.ffrandonnee.fr.

Les renseignements fournis dans le topo-guide, ainsi que les jalonnements et balisages, n'ont qu'une valeur indicative, destinée à permettre au randonneur de trouver plus aisément son chemin.

La responsabilité de la Fédération française de la randonnée pédestre ne saurait donc être engagée.

Bien entendu, le balisage n'est pas une finalité, mais un moyen d'assistance et d'initiation : son objectif est de permettre aux randonneurs, voire aux promeneurs, de se déplacer dans le milieu naturel sans autre aide que celles de la carte, de la boussole, d'un jalonnement des lieudits et des points remarquables du paysage.

Assurances

Le randonneur parcourt l'itinéraire décrit, qui utilise le plus souvent des voies publiques, à ses risques et périls. Il reste seul responsable, non seulement des accidents dont il pourrait être victime, mais des dommages qu'il pourrait causer à autrui tels que feux de forêts, pollutions, dégradations…

Certains itinéraires empruntent des voies privées : le passage n'a été autorisé par le propriétaire que pour la randonnée pédestre exclusivement.

De ce qui précède, il résulte que le randonneur a intérêt à être bien assuré. La Fédération et ses associations délivrent une licence ou une *Randocarte* incluant une telle assurance.

S'équiper et s'alimenter... pendant la randonnée

S'équiper

Pour partir à pied plusieurs jours dans la nature, mieux vaut emporter un minimum d'équipement :
• des vêtements de randonnée adaptés à tous les temps (vent, froid, orage, pluie, neige, chaleur, etc.) ;
• des chaussures de marche adaptées au terrain et à vos pieds ;
• un sac à dos ;
• un sac et un drap de couchage pour certains gîtes d'étape ou refuges qui ne fournissent pas le nécessaire ou si vous campez. N'oubliez pas de demander lors de votre réservation.
• des accessoires indispensables (gourde, couteau, pharmacie, lampe de poche, boussole, grand sac poubelle pour protéger le sac à dos, chapeau, bonnet, gants, lunettes de soleil et crème solaire, papier toilette et couverture de survie).
• des bâtons de marche sont également recommandés.

S'alimenter

Pensez à vous munir d'aliments énergétiques riches en protéines, glucides et fructose, tels que des barres de céréales, pâtes de fruits, fruits secs. Le chocolat est également un bon aliment énergétique, mais il présente l'inconvénient de fondre à l'intérieur du sac.
Pensez aussi à boire abondamment, mais attention à ne pas prendre n'importe quelle eau en milieu naturel.
Munissez-vous dans ce cas de pastilles purificatrices.

Se rendre et se déplacer... dans la région

Aéroports

• Nîmes, 04 66 70 49 49, www.nimes-aeroport.fr.
• Montpellier Méditerranée, 04 67 20 85 00, www.montpellier.aeroport.fr.
• Castres-Mazamet, 05 63 70 34 77, liaisons avec Paris et Lyon.
• Carcassonne en Pays Cathare, 04 68 71 96 46, www.carcassonne.aeroport.fr.
• Toulouse-Blagnac, 0825 380 000, www.toulouse.aeroport.fr.

Trains

• Renseignements SNCF, 3635, www.voyages-sncf.com, www.ter-sncf.com.
• Le sentier GR® 653 est accessible en train depuis les gares de :
→ Arles : ligne Marseille – Avignon.
→ Vauvert : ligne Arles – Nîmes.
→ Montpellier : lignes en provenance de Paris, Lyon, Marseille, Toulouse, etc.
→ Castres : ligne Mazamet – Toulouse.
→ Avignonet-Lauragais, Villefranche-de-Lauragais, Villenouvelle, Baziège, Toulouse-Matabiau : ligne TER Toulouse – Carcassonne.
→ Toulouse : lignes en provenance de Paris, Lyon, Nice, etc.

Autocars (non SNCF)

→ Lignes régionales PACA : Info LER 0821 202 203.
→ Régie départementale des transports des Bouches-du-Rhône, Arles, 04 90 18 81 42.
→ Nîmes et Saint-Gilles : réseau Tangobus, 08 20 22 30 30, www.tangobus.fr

→ Vauvert : Transports Edgard, 0810 33 42 73, www.edgard-transport.fr

→ Transports de l'agglomération de Montpellier, 04 67 22 22 87, www.montpellier-agglo.com/tam.

→ Hérault transport, 0825 34 01 34, www.herault-transport.fr.

→ Tarn Bus, 05 63 45 64 81, http://tarnbus.tarn.fr

→ Autocars Balent SA (Tarn), 05 63 35 74 77.

→ Transports Maury (Tarn), 05 63 74 01 62.

→ Les Courriers de la Garonne (Hte-Garonne), 05 62 72 37 23, www.courriersdelagaronne.com.

→ Transport en Lauragais (Hte-Garonne), ligne Toulouse – Revel, 05 34 66 62 22.

→ Transports urbains (Toulouse), réseau Tisseo, 05 61 41 70 70, www.tisseo.fr

Éco-vigilance incendie

RANDONNEURS,
VOUS êtes des acteurs clés de la prévention incendie,
SOYEZ TOUJOURS EN ALERTE !

Dans les pays méditerranéens, **85%** des feux de forêts sont dus à l'intervention de l'homme, alors que seuls **15%** de ces incendies proviennent de phénomènes naturels.

La Fédération française de la randonnée pédestre, en partenariat avec la Federaçao de campismo e montanhismo (Fédération portugaise) et GDF SUEZ ont édité la plaquette «Eco-vigilance incendie». Il s'agit de sensibiliser les randonneurs et les autres usagers des espaces naturels au risque incendie. Des conseils vous sont donnés pour que vous puissiez d'une part assurer votre sécurité, et d'autre part contribuer à la préservation des espaces de pratiques en adoptant les bons réflexes.

18 **112** Découvrez, Observez et Prévenez. Numéros utiles : 18 ou 112

Retrouvez l'ensemble des recommandations sur le site de la Fédération
www.ffrandonnee.fr
rubrique environnement

Hébergements

	Localité sur le parcours du GR®
	Localité hors GR®

GR® 653

Légende des colonnes : Gîte d'étape · Hôtel · Chambre d'hôte · Camping · Abris* · Ravitaillement · Restauration · Café · Office de tourisme · Car · Train · Distributeur de billets

km	LOCALITÉS	Pages	Gîte d'étape	Hôtel	Chambre d'hôte	Camping	Abris*	Ravitaillement	Restauration	Café	Office de tourisme	Car	Train	Distributeur de billets
	ARLES	31	•	•	•	•		•	•	•	•	•	•	•
15,5	CRIN BLANC (hors GR® + 150 m)	35							•					
5	SAINT-GILLES	47	•	•	•	•		•	•	•	•	•	•	•
16,5	VAUVERT	49	•	•	•			•	•		•	•	•	•
8,5	CODOGNAN	53			•			•	•	•		•		
0	VERGÈZE (hors GR® + 2 km)	53		•	•			•	•	•		•	•	
2,5	AIGUEVIVES (hors GR® + 2 km)	53			•			•	•	•		•		
4,5	GALLARGUES-LE-MONTUEUX	57	•	•	•			•	•	•		•	•	
6,5	VILLETELLE	57			•				•	•		•		
7	VÉRARGUES (hors GR® + 2 km)	57	•		•			•	•	•		•		
1	LUNEL-VIEL (hors GR® + 2 km)	59	•	•				•	•	•			•	
9	BAILLARGUES (hors GR® + 2 km)	59		•	•			•	•	•		•	•	
1,5	ZAC ST-ANTOINE (hors GR® + 1 km)	59		•					•	•				
0	VENDARGUES	61						•	•	•		•		•
1,5	LES CHÂTAIGNIERS (hors GR® + 1 km)	61		•					•	•				
3	LE CRÈS (hors GR® + 1 km)	61		•				•	•	•		•	•	
3	CASTELNAU-LE-LEZ	61		•	•			•	•	•		•		•
4,5	MONTPELLIER	65	•	•				•	•	•	•	•	•	•
11,5	GRABELS	67		•	•			•	•	•		•		•
11,5	MONTARNAUD	69	•	•				•	•	•		•		
5,5	LA BOISSIÈRE	71						•	•					
8	ANIANE	71		•	•			•	•	•		•		
8,5	ST-JEAN-DE-FOS (hors GR® + 1 km)	71			•			•	•	•		•		
0	SAINT-GUILHEM-LE-DÉSERT	75	•					•	•	•	•	•		•
11	MONTPEYROUX (hors GR® + 1 km)	75			•			•	•	•		•		
3,5	ARBORAS	77								•				
9	SAINT-JEAN-DE-LA-BLAQUIÈRE	77	•		•			•	•			•		
2	LES PAROS (hors GR® + 750 m)	77	•											
11	LODÈVE	83	•	•	•			•	•	•	•	•	•	•
1	BELBEZET (hors GR® + 2 km)	83	•											
22,5	JONCELETS (hors GR® + 2 km)	85	•			•								
0	JONCELS	85	•		•			•				•	•	
4,5	LUNAS	85		•				•	•	•	•	•	•	
4,5	SAINT-MARTIN-D'ORB	89	•		•			•	•	•		•		•

* ne figurent que dans le descriptif

TABLEAU DES RESSOURCES PAR LOCALITÉ

km	RESSOURCES ▶ / ▼ LOCALITÉS	Pages	🖼	🛏	🏠	⛺	🛒	🍴	☕	ℹ	🚌	🚃	🚕
1	LA SÉGUINERIE	89			•								
12,5	RELAIS DE SERVIÈS (hors GR® + 3 km)	89	•										
8	MÈCLE	91	•				•						
3	CLOCHER DE NAYRAN (hors GR® + 1,5 km)	91				•		•					
0	SAINT-GERVAIS-SUR-MARE	91	•		•		•	•	•	•			
0,5	COURS (hors GR® + 1,5 km)	91	•										
8,5	CASTANET-LE-HAUT	93			•			•					
6,3	FAGAIROLLES (hors GR® + 2 km)	93	•										
9	MURAT-SUR-VÈBRE	97	•	•	•	•	•	•	•		•	•	•
18,5	FÉLINES (hors GR® + 2,5 km)	97	•										
11	VILLELONGUE	99				•							
6	LA MOUTOUSE	99	•		•			•	•				
5	LA SALVETAT-SUR-AGOUT	101	•	•	•	•	•	•	•		•	•	•
1,5	LA RESSE	101		•				•					
0,5	BOULDOUÏRES (hors GR® + 800 m)	101		•		•		•					
4,5	LIXIRIÉ (hors GR® + 1 km)	101	•		•			•					
14	ANGLÈS	105	•		•	•	•		•		•		
19,8	BOISSEZON	109	•					•	•				•
3	NOAILHAC	109						•	•	•			
6	LE CASTELET (hors GR® + 200 m)	109			•								
1	GOURJADE (hors GR® + 5,5 km)	109				•							
5	CASTRES	113		•			•	•	•	•	•	•	•
10,5	VIVIERS-LES-MONTAGNES	115						•					
1,5	LE PASTELIÉ (hors GR® + 1 km)	115			•			•					
6	LE MOULIN BAS (hors GR® + 100 m)	115			•								
3	EN GOUT (hors GR® + 500 m)	115	•										
0	EN LANET (hors GR® + 1 km)	115			•								
1,2	DOURGNE	115	•	•	•	•	•	•	•	•	•		
2,5	PEYROUNELS (hors GR® + 1,7 km)	117			•								
6	LA DURETIÉ (hors GR® + 2 km)	117			•								
2	SORÈZE	117		•	•	•	•	•	•		•	•	•
7,5	REVEL	119		•		•	•	•	•		•	•	•
0,7	BASSIN DE ST-FERRÉOL (hors GR® + 2 km)	119		•				•	•				
2,5	DREUILHE (hors GR® + 1 km)	119			•			•					
11	ST-FÉLIX-LAURAGAIS (hors GR® + 2 km)	119		•	•			•	•				
2	LES CASSÉS (hors GR® + 1,2 km)	123			•								
7	SOUPEX (hors GR® + 1,5 km)	123			•								
9,5	LABASTIDE-D'ANJOU (hors GR® + 1,2 km)	123		•			•	•	•				
2	SEUIL DE NAUROUZE	123	•		•			•					
5	AVIGNONET-LAURAGAIS	125		•			•	•	•	•	•		

km	RESSOURCES ▶ / ▼ LOCALITÉS	Pages	1	2	3	4	5	6	7	8	9	10	11	12
11	RENNEVILLE (hors GR® + 2 km)	129	•											
0	VILLEFRANCHE-DE-LAURAGAIS	129		•				•		•	•	•	•	•
6	BORDENEUVE (hors GR® + 1,2 km)	129			•			•						
3	VILLENOUVELLE (hors GR® + 800 m)	129			•			•						
4	CHÂTEAU BIGOT (hors GR® + 2 km)	131			•			•						
5	BAZIÈGE	131					•						•	•
2	AYGUEVIVES (hors GR® + 3 km)	131			•			•						
2	MONTGISCARD	133						•	•		•			
1,5	DONNEVILLE (hors GR® + 2 km)	133		•	•			•						
18,5	AUZEVILLE-TOLOSANE (hors GR® + 2,6	137	•											
1,5	POUVOURVILLE	139					•							
5	AVIGNONET-LAURAGAIS	125	•				•		•	•	•	•	•	
11	RENNEVILLE (hors GR® + 2 km)	129	•											
0	VILLEFRANCHE-DE-LAURAGAIS	129		•				•		•	•	•	•	•
6	BORDENEUVE (hors GR® + 1,2 km)	129			•			•						
3	VILLENOUVELLE (hors GR® + 800 m)	129			•			•			•			
1	CHÂTEAU BIGOT (hors GR® + 2 km)	131			•			•						
5	BAZIÈGE	131					•						•	•
2	AYGUEVIVES (hors GR® + 3 km)	131			•			•						
2	MONTGISCARD	133						•	•		•			•
1,5	DONNEVILLE (hors GR® + 3 km)	133		•				•						
18,5	AUZEVILLE-TOLOSANE (hors GR® + 2,6 km)	137	•											
1,5	POUVOURVILLE	139					•							
9	TOULOUSE	139	•	•			•		•	•	•	•	•	•

Randonneurs, vous êtes des observateurs privilégiés de la nature, aidez-nous à la préserver !

Eco-veille®

La FFRandonnée, aux côtés d'autres partenaires, œuvre pour le balisage et l'entretien des sentiers que vous empruntez. Nous ne pouvons être partout tout le temps. Aidez-nous en nous signalant les anomalies que vous pourriez rencontrer au cours de vos randonnées sur les itinéraires et autour (balisage manquant, arbre en travers d'un chemin, dépôts d'ordures…).

Pour cela, procurez-vous des fiches Eco-veille® dans les OT, chez les hébergeurs ou auprès des Comités départementaux de la randonnée pédestre.

Organisez votre séjour en Languedoc-Roussillon avec Qualité Sud de France

CRédit photo : P.Palau

Des hébergements, des restaurants, des caveaux, des points de vente de produits du terroir et des lieux de visite touristiques et culturels vous accueillent avec convivialité et professionnalisme.

Ces établissements s'engagent pour vous dans une démarche rigoureuse d'amélioration de l'accueil, avec des engagements validés par un audit externe.

Qualité Sud de France est reconnue par le Plan Qualité Tourisme.

Suivez la marque ou retrouvez les établissements labellisés sur

www.sunfrance.com

LISTE DES HÉBERGEMENTS

Liste des hébergements

SUR LE GR®
ou à proximité :

Pour faciliter la lecture, les hébergements sont cités dans le sens du parcours.

SUR LE GR® 653

Arles (13200)
• Auberge de Jeunesse : 20 av. Maréchal-Foch, 04 90 96 18 25, 109 places.
• Hôtel de Paris : 04 90 96 05 88, 10 chambres.
• Hôtel Voltaire : 04 90 96 49 18, 12 chambres.
• Hôtel Camarguais : 04 90 96 01 23, 10 chambres, du 01/01 au 20/12.
• Hôtel Rhodania : 04 90 96 08 14, 10 chambres.
• Camping City : 67 route de la Crau, 04 90 93 08 86, du 1/04 au 30/09.
• Camping Les Rosiers : Pont de Crau, 04 90 96 02 12, du 15/03 au 31/10.
• Plusieurs hébergements : renseignements à l'OT, 04 90 18 41 20.

Saliers (Albaron/Arles 13123)
hors GR® à 150 m
• Camping Domaine Crin Blanc*** : 04 68 87 48 78, www.campingcrinblanc.com.

Saint-Gilles (30800)
• Accueil Pèlerin Maison des Pèlerins Marcel Avignon : 2 impasse du Cloître, 06 10 39 87 07, 14 places, ouvert mars-15 nov.
• Accueil Pèlerin La Pause du pèlerin : 8 place de la République, 04 66 27 18 34, 06 33 04 53 83, www.lapausedupelerin.fr, 5 chambres, 14 places, restauration, ouvert mars-oct.
• Hôtel Héraclée*** Logis : 30 quai Canal Port de Plaisance, 04 66 87 44 10, contact@hotel-heraclee.com, 21 chambres.
• Hôtel Le Cours** Logis : 10 av. F.-Grifeuille, 04 66 87 31 93, hotel-le-cours@wanadoo.fr, 32 chambres, fermé 10 déc.-10 mars.
• Hôtel-restaurant Le Saint-Gillois** : 1 rue Neuve, 04 66 87 33 69, 7 chambres.
• Camping La Chicanette : rue de la Chicanette, 04 66 87 28 32, www.campinglachicanette.fr , 89 emplacements , ouvert avril-oct.
• Chambre d'hôtes Clévacances 2 clés : Le Vallon, 7 rue des Coteaux, 04 66 26 42 19, 06 74 49 97 48, orphilamaya@orange.fr.

Vauvert (30600)
• Accueil pèlerins : place du château, 06 71 29 15 33, 8 places.
• Hôtel Le Lys d'Or* : 41 rue de la République, 04 66 88 20 65, www.hotel-vauvert.com, 12 chambres.
• Chambres d'hôtes : 286 rue V.-Hugo, 06 86 96 65 48, www.autourdunolivier.com, 2 chambres.
• Chambres d'hôtes Le Relais de la Gare : 147 av. J.-Jaurès, 04 66 80 10 92, www.lerelaisdelagare.camargue.fr, 3 chambres.
• Chambre d'hôtes La Maison de la Porte Saint-Louis : 180 rue Carnot, 06 09 93 86 22, 04 66 88 93 77, chambaultsylvie@hotmail.fr.
• Chambres d'hôtes Mas Tolosan : 166 rue du Milan, 04 66 88 85 29, 06 34 03 09 12, www.mastolosan.net, 4 chambres.
• Chambres d'hôtes Couleurs du Sud : 242 rue des Capitaines, 06 23 45 67 73, 2 chambres.

Codognan (30920)
• Chambre d'hôtes : 137 chemin du Canal, 09 60 51 46 51, 1 chambre.
• Chambres d'hôtes La chambre de Codo : 137 chemin du Canal, 04 66 88 49 23, www.chambre-de-codo.fr.

Vergèze (30310) hors GR® à 1,5 km
• Chambres d'hôtes La Clé des Chants : 27 rue Haute, 04 66 51 75 33, 06 77 62 04 40, www.lacle-des-chants.com.
• Chambres d'hôtes Le Château de Lili : 18 bis rue d'Entre-Vigne, 04 66 35 55 45, 06 66 73 09 13, marie.gitto@gmail.com.
• Hôtel La Passiflore : 1 rue Neuve, 04 66 35 00 00, www.lapassiflore.com.

Aiguevives (30670) hors GR® à 2 km
• Chambres d'hôtes Lou Félibre : 180 rue de Calvisson, 04 66 35 30 00, contact@loufelibre.com.
• Chambres d'hôtes Le Cocon : 145 rue de la Porte, 04 66 35 49 49, 5 chambres.
• Chambres d'hôtes Lou Cigalou : 146 rue J.-Bosc, 04 66 35 33 18, www.lou-cigalou.fr.
• Chambres d'hôtes Le Cèdre : place E.-Jamais, 04 66 35 93 93, fsegers@orange.fr, 1 suite, 5 chambres.
• Chambres d'hôtes La Maison d'Hélène : 47 rue F.-Granon, 04 66 35 32 91, 06 09 77 86 84, 2 chambres.

• Chambres d'hôtes L'Oasis : 465 chemin de Garigouille, 04 66 71 50 68, 06 22 24 09 27, www.loasis-av.com.
• Chambres d'hôtes La maison du Mimosa : 11 rue du Cantonnat, 04 66 73 73 76, 06 15 92 85 73, www.lamaisondumimosa.unblog.fr.

Gallargues-le-Montueux (30660)
• Accueil randonneurs-pèlerins : rue M.-Dublet, 04 66 53 13 95, mairie, 04 66 35 28 02, 8 places.
• Hôtel Les Jasses de Camargue : route des Plages, 04 66 80 64 00, www.jasses-de-camargue.com, 110 chambres.
• Camping Les Amandiers : rue du Stade, 04 66 35 28 02, www.camping-lesamandiers.fr, 35 locations.
• Chambres d'hôtes Le Paradis des Loups : 11 rue J.-Grand, 06 65 60 49 50, www.guesthousegallargues.com, 3 chambres.
• Chambres d'hôtes De la suite dans les Oliviers : 1 imp. É.-Parel, 04 66 73 75 67, 06 13 51 27 00, delasuitedanslesoliviers@orange.fr, 3 chambres.
• Maison Familiale Rurale : route des Plages, 04 66 35 26 62, www.mfr-gallargueslemontueux.com, 25 chambres, vacances scolaires.

Villetelle (34400)
• Chambre d'hôtes Les Bougainvilliées 2 clefs : 343 chemin des Combes Noires, 04 67 86 87 00, 06 30 57 02 51, www.les-bougains.com, 2 chambres.

Vérargues (34400) hors GR® à 2 km
• Chambres, tables d'hôtes et gîte Le Mas de L'Olivier : rue du Laurier-Tin, 06 43 11 33 62, www.lemasdelolivier.fr, 19 places, restauration sur réservation, coin cuisine.

Lunel-Viel (34400) hors GR® à 2 km
• Chambres d'hôtes La Costa Belle : 254 route du Mas-des-Caves, 04 67 83 10 79, 06 11 88 47 48, www.costabelle.fr, 5 chambres, restauration sur réservation, coin cuisine.
• Hôtel-Restaurant Languedoc-Provence** : 258 av. de la République, D 613, 04 67 71 80 75, 16 chambres.

Baillargues (34670) hors GR® à 2 km
• Hôtel-restaurant Fast'Hôtel : 1 rue P.-Cézanne, ZAE la Biste, 04 67 91 93 93, www.fasthotel.com, 40 chambres.
• Hôtel-restaurant Le Gincko : 175 Les Condamines, D 613, 04 67 52 71 69, 18 chambres, http://legincko.fr.

• **Chambres d'hôtes** *Domaine Saint-Antoine* **2 épis :** 04 67 70 15 58, 6 chambres, pas de restauration, transport de l'église de Baillargues.

ZAC Saint-Antoine (34130 Saint-Aunès) hors GR® à 1 km
• **Hôtel** *le Cetus*** :** D 613, 04 67 70 38 40, www.lecetus.com, 50 chambres.
• **Hôtel** *F1* **:** Zac Saint-Antoine, rue des Romarins, 08 91 70 53 23, www.hotelformule1.com, 79 chambres.

Vendargues (34740) hors GR® à 1 km
• **Hôtel-restaurant** *Les Chataigniers* **:** D 613, 04 67 70 20 16, 40 chambres.

Le Crès (34920) hors GR® à 1 km
• **Hôtel-restaurant** *Bar des* Sports **:** 7 Grand-Rue, 04 67 70 32 02, 4 chambres.

Castelnau-le-Lez (34170)
• **Hôtel-restaurant** *Les Romarins* **:** 1666 av. de l'Europe, D 613, 04 67 79 48 29, 11 chambres.
• **Hôtel-restaurant** *Le Clos de l'Aube Rouge*** :** 115 av. de l'Aube-Rouge, 04 67 79 50 60, 04 99 58 80 00, www.auberouge.com, 44 chambres.
• **Chambre d'hôtes** *Castle Cottage* **2 clés :** 289 chemin de la Rocheuse, 04 67 72 63 08, 06 75 50 41 50, http://castlecottage.free.fr, 2 chambres.

Montpellier (34000)
• **Auberge de Jeunesse :** rue des Écoles-Laïques, Impasse de la Corraterie, 04 67 60 32 22, montpellier@fuaj.org, 100 places, chambres collectives, fermé déc.
• **Accueil pèlerins** *Sanctuaire Saint-Roch* **:** 4 rue du Vallat, 04 67 52 74 87, 9 places, accueil mi-mars – minov. de 16 30 à 19 h sans réservation, sinon réservation obligatoire.
• **Plusieurs hébergements :** renseignements à l'OT, esplanade de la Comédie, 04 67 60 60 60, www.ot-montpellier.fr.

Grabels (34790)
• **Chambres d'hôtes** *Le Mazet* **3 épis :** 253 chemin du Mas-de-Matour, 04 67 03 36 57, 06 50 01 51 01, www.lemazetdegrabels.info, 3 chambres, restauration sur réservation.
• **Chambres d'hôtes et gîte** *La Soucarède* **3 épis :** 217 chemin du Mas-de-Matour, 04 67 70 84 28, 06 84 28 15 29, www.la-soucarede.fr,

12 places, restauration sur réservation, coin cuisine.

Montarnaud (34570)
• **Gîte et chambres d'hôtes** *Le temps d'une pause* **:** Haltes vers Compostelle, La Roque et Pétrou, 04 67 92 30 64, 06 26 04 32 21, cathyfroge@orange.fr, 10 places, restauration sur réservation, coin cuisine.
• **Gîte** *Les Muriers de Notre-Dame* **2 épis :** chemin de la Tour, 04 67 55 65 95, 06 08 04 28 42, thivolle.pierre@wanadoo.fr, 5 places, restauration sur réservation, coin cuisine.
• **Gîte et tables d'hôtes** *La maison d'à Côté* **:** 8 rue du Château, 06 17 96 43 37, 04 34 81 07 29, patjullian@yahoo.fr, 5 places, ouvert toute l'année, restauration sur réservation, coin cuisine.

Aniane (34150)
• **Chambres d'hôtes :** 16 chemin des Tanneurs, 04 67 57 45 13, 06 79 77 09 17, www.accentsud.com, 2 chambres.
• **Chambres d'hôtes** *La Colombe verte* **:** chemin des Horts, 04 67 57 23 97, 2 chambres, www.lacolombeverte.com, restauration sur réservation.
• **Hôtel-restaurant** *Hostellerie Saint-Benoît* **:** av. de St-Guilhem, 04 67 57 71 63, www.hostellerie-saint-benoit.com, 30 chambres, fermé janv. et fév.

Saint-Jean-de-Fos (34150) hors GR® à 1 km
• **Chambres d'hôtes** *La maison d'hôtes* **:** 13 rue du Caminol, 04 67 57 31 41, 06 71 91 50 30, bed-and-breakfast@duboullay.com, 2 chambres.
• **Chambres d'hôtes** *Les balcons de l'Hérault* **:** 390 route d'Aniane, 04 67 57 45 29, www.lesbalconsdelherault.fr, 2 chambres, chambres d'hôtes.
• **Chambres d'hôtes** *Au pays des Orjouliers* **:** 112 route d'Aniane, 04 67 57 36 00, les.orjouliers@wanadoo.fr, 3 chambres, 10 places.
• **Chambres d'hôtes** *Le mas des Elfes* **3 épis :** 5 rue de l'Aire, 04 67 57 98 10, 06 09 38 78 78, www.mas-des-elfes.com, 2 chambres.
• **Chambres d'hôtes :** Atelier a tempera, rue des Écoles-Laïques, 04 67 20 07 43, 06 74 50 06 62, jybhans@hotmail.com, 2 chambres.
• **Chambres d'hôtes** *La Sablonière* **:** 4 rue de l'Horloge, 04 67 57 81 87, 06 31 68 21 94, fany.lds@free.fr, 2 chambres, coin cuisine.

Saint-Guilhem-le-Désert (34150)
• **Gîte d'étape** *Gîte de la Tour* **:** 38 rue de la Font-du-Portal, 04 67 57 34 00, 06 81 54 44 06, gitedelatour@free.fr, 17 places, restauration sur réservation, coin cuisine.
• **Gîte du Club Alpin Français :** 5 rue Cor de Nostra Dona, : 04 67 29 39 98, st.guilhem.cafmontpellier@sfr.fr, 19 places, ouvert toute l'année, pas de restauration, coin cuisine.
• **Gîte** *Accueil du Carmel Saint-Joseph* **:** 2 Grand Chemin du Val-de-Gellone, 04 67 57 75 80, http://csj.stguilhem.free.fr, 10 places, ouvert toute l'année, coin cuisine, accueil entre 16 h et 18 h.
• **Chambres d'hôtes** *Le Lieu-Plaisant* **3 épis :** 8 rue du Bout-du-Monde, 04 67 58 07 61, 06 84 96 40 97, lieuplaisant@voila.fr, 9 places.
• **Hôtel-restaurant** *La Taverne de l'Escuelle* **:** 11 chemin Val-Gellone, 04 67 57 72 05, 06 60 57 07 51, 6 chambres, fermé de mi-nov. à mi-fév.
• **Hôtel-restaurant** *Le Guilhaume d'Orange* **:** 2 av. Guilhaume-d'Orange, 04 67 57 24 53, www.guilhaumedorange.com, 12 chambres.
• **Plusieurs hébergements :** renseignements à l'OT, 04 67 57 44 33, www.saintguilhem-valleeherault.fr.

Montpeyroux (34150) hors GR® à 1 km
• **Chambres et tables d'hôtes** *Loustal del Poeta* **:** 11 rue de l'église, 04 67 96 64 79, http://creissac.free.fr, 2 chambres, restauration sur réservation.
• **Chambres d'hôtes** *La Grange* **3 épis :** 3 av. du Rosaire, 04 67 44 37 74, www.lagrangemontpeyroux.com, 4 chambres, restauration sur réservation.

Saint-Saturnin-de-Lucian (34725) hors GR® à 2 km
• **Hôtel** *du Mimosa* **:** Guides de Charmes, 10 place de la Fontaine, 04 67 88 62 62, 06 98 27 68 36, www.hoteldumimosa.com, 7 chambres, ouvert avril-nov.

Saint-Jean-de-la-Blaquières (34700)
• **Gîte communal :** rue du Portalet, 04 67 44 73 61, 04 67 44 45 74, www.saint-jean-de-la-blaquiere.com, 14 places, coin cuisine.
• **Chambres d'hôtes** *Chez Charlotte* **3 clés :** 16 chemin des Hortes, 04 67 44 77 52, 06 77 39 51 71, http://monsite.orange.fr/chezcharlotte, 5 places, coin cuisine.

Les Paros (34700 Usclas-du-Bosc) hors GR® à 750 m
• **Gîte** : 12 chemin des Paros, 04 67 44 48 80, 06 80 72 15 76, pat. bazalge@laposte.net, 4 places, coin cuisine, épicerie de dépannage.

Soumont (34700)
• **Gîte d'étape** *Le châtaignier troué* 3 épis : route de la pierre plantée, 06 11 98 22 15, 04 67 96 26 02, reneslongues@gmail.com, 8 à 10 places, restauration sur réservation, coin cuisine.

Lodève (34700)
• **Gîte d'étape et de séjour** *La Mégisserie* 3 épis : Haltes vers Compostelle, Quai Mégisserie, 06 74 58 56 03, www.lamegisserie.fr, 20 places, ouvert mars-oct., restauration sur réservation, coin cuisine.
• *Hôtel du Nord* : 18 boulevard de la Liberté, 04 67 44 10 08, www.hotellodeve.com, 25 chambres.
• **Hôtel-restaurant** *La Croix Blanche**** : 6 av. de Fumel, 04 67 44 10 87, www.hotelcroixblanche.com, 30 chambres, ouvert d'avril à nov.
• *Hôtel-restaurant de la Paix**** : 11 bd. Montalangue, 04 67 44 07 46, dates d'ouverture (se renseigner), www.hotel-dela-paix-com.
• **Plusieurs hébergements** : renseignements à l'OT, 04 67 88 86 44, www.lodevoisetlarzac.fr.

Belbezet (34700 Olmet-et-Villecun) hors GR® à 2 km
• *Gîte de Belbezet* : domaine de Belbezet, 04 67 96 99 10, 06 20 42 39 90, www.belbezetlegite.fr, 10 places, restauration sur réservation, coin cuisine.

Joncelets (34650 Joncels) hors GR® à 2 km
• **Gîte d'étape et camping** *Les Trois Granges* 04 67 23 89 89, 06 07 88 49 15, www.lestroisgranges.com, 13 places, restauration sur réservation, possibilité de transport de Joncels à Joncelet.

Joncels (34650)
• **Gîte d'étape et chambres d'hôtes** *Villa Issiates* : Haltes vers Compostelle, 04 67 23 87 32, 06 76 24 12 29, http://villa.issiates.free.fr, 15 places, restauration sur place.

Lunas (34650)
• **Hôtel-restaurant** *L'Auberge Gour-mande**** : 52 Grand-Route, 04 67 23 81 41, www.auberge-lunas.fr, 8 chambres.
• **Hôtel-restaurant** *Le Manoir de Gravezon***** : route de Bédarieux, 04 67 23 89 79, 06 28 39 78 39, www.hotel-manoir-de-gravezon.com, 14 chambres, fermé mi-déc. au mi-fév.

Saint-Martin-sur-Orb (34260 Le Bousquet-d'Orb)
• **Chambres d'hôtes** *La Borio* 2 clés : 10 av. du 17 août, 04 67 95 47 30, www.laborio.fr, 4 chambres, restauration sur réservation.
• **Chambres d'hôtes** *Les Jardins* : 5 av. de la gare, 04 67 95 74 87, 06 82 44 02 75, www.chambre-hotelesjardins.com, 4 chambres, restauration sur réservation.
• *Gîte Chez Roselyne et Alain* : 8 chemin de St-Martin, 04 67 23 77 93, 06 07 97 85 52, www.legitederoselyne.1s.fr, 4 places, coin cuisine.

La Séguinerie (34260 Le Bousquet-d'Orb)
• **Chambre d'hôte** : le hameau, 04 67 23 09 52, 06 83 30 86 18, alain.panseri545@orange.fr, 1 chambre.

Serviès (34260 Avène) hors GR® à 3 km
• **Gîte d'étape** *Relais départemental Réseau Vert* : village, 04 67 23 42 25, 06 89 75 61 71, 19 places, restauration sur réservation, coin cuisine.

Mècle (34610 Saint-Gervais-sur-Mare)
• **Gîte d'étape** *Le chemin des amoureux* : village, 04 67 95 06 87, 06 08 76 28 51, http://gite.over-blog.org, 8 places, restauration sur réservation.

Le Clocher de Nayran (34610 Saint-Gervais-sur-Mare) hors GR® à 1,5 km
• **Camping-restaurant** *Le Clocher de Nayran* : Bouissounades, 04 67 23 64 16, 06 86 90 94 98, leclocher.neyran@wanadoo.fr, location de mobil-homes toute l'année, ouvert de mi-juin à sept., restauration en saison.

Saint-Gervais-sur-Mare (34610)
• **Gîte communal et gîtes logis verts** : Haltes vers Compostelle, place des Logis Verts, 04 67 23 60 65, mairie. stgervaissurmare@wanadoo-fr, 15 places en dortoir et gîtes de 4 à 6 personnes, coin cuisine.
• **Gîte d'étape** : 11 rue de Boussagues,

04 67 23 65 76, michel.bras.34@wanadoo.fr, 10 places, restauration sur réservation.
• **Plusieurs hébergements** : renseignements à l'OT, 04 67 23 68 88, http://stgervaissurmare.free.fr, à la mairie 04 67 23 60 65.

Cours (34610 Saint-Gervais-sur-Mare) hors GR® à 1,5 km
• **Gîte d'étape et de séjour** *le Refuge du Nébuzon* 2 épis : hameau, 04 67 23 69 26, 06 76 50 02 86, www.gitenebuzon.com, 27 places, fermé janv.-fév., restauration sur réservation, coin cuisine.

Castanet-le-Haut (34610)
• **Chambres et tables d'hôtes** *l'Atelier du Savetier* 2 épis : le Mas de l'Église, 04 67 95 25 60, 06 70 89 95 92, www.latelier-du-savetier.fr, 5 personnes, fermé de déc. à fév., restauration sur réservation.

Fagairolles (34610 Castanet-le-Haut) par le GR® 71, à 2 km
• **Gîte d'étape** *Relais départemental Réseau Vert* : hameau, 04 67 23 65 55, 06 70 38 90 65, 19 places, restauration sur réservation, coin cuisine, possibilité de transport du col de Ginestet au gîte.

Félines (81320 Murat-sur-Vèbre) hors GR® à 2,5 km
• **Chambres d'hôtes** : Félines par le sentier des Tourelles, 05 63 37 43 17, 5 chambres, possibilité de cuisiner, possibilité de venir chercher les pèlerins à Murat-sur-Vèbre.

Murat-sur-Vèbre (81320)
• **Gîte communal** : 05 63 37 41 16, possibilité de cuisiner, 8 places.
• **Gîte d'étape et chambres d'hôtes** 3 épis *L'Étape des Menhirs* : av. du Lac, 05 63 37 51 20, www.letapedesmenhirs.com, gîte 10 places, chambres d'hôtes (2 chambres, 6 personnes).
• *Hôtel Durand**** : 2 cheminées, av. de l'Albigeois, 05 63 37 41 91, www.pageloisirs.com/durand, fermé mi-janv.-mi-fév., 8 chambres.
• **Camping municipal** *Les Adrets** : Les Adrets, 05 63 37 41 16, mairie. murat81@wanadoo.fr, emplacements ouverts mi-juin-sept., locations ouvertes toute l'année, 10 places, réservation conseillée.

Villelongue (81320 Nages)
• Aire naturelle de camping de Villelongue : 05 63 37 28 55, 25 emplacements.

Jasse del Baccut (81320 Nages)
• Abri rustique de la Jasse del Baccut.

La Moutouse (34330 La Salvetat-sur-Agout)
• Chambres et tables d'hôtes *L'Oustal* 2 épis : 04 67 97 61 63, www.loustal-lamoutouse.com, ouvert avril-nov., 9 places.
• Chambres d'hôtes et gîtes *Les Trèfles* 2 épis, 3 clefs : Haltes vers Compostelle, 04 67 97 61 69, http://site.voila.fr/ferme_la_moutouse, chambres ouvertes de Pâques à Toussaint, 3 chambres, gîtes ouverts toute l'année sur réservation, 5 et 6 personnes.

La Salvetat-sur-Agout (34330)
• Gîte d'étape communal : rue Montarnaud, 04 67 97 64 44, réservé aux pèlerins, coin cuisine, 6 places.
• Camping *La Blaquière*** : route de Lacaune, 04 67 97 61 29, ouvert juin-août.
• Chambres, Café *La Pergola* : esplanade des Troubadours, 04 67 23 63 50, petits déjeuners, 5 chambres.
• Plusieurs hébergements : se renseigner à l'OT au 04 67 97 64 44.

La Resse (34330 La Salvetat-sur-Agout)
• Auberge de la Resse : route d'Anglès, 04 67 97 53 97, 06 84 71 41 74, www.aubergelaresse.com, restauration sur réservation, 15 chambres.

Les Bouldouïres (34330 La Salvetat-sur-Agout) hors GR® à 500 m
• Camping *Les Bouldouïres**** : 04 67 97 36 91, www.campingbouldouires.fr.
• Camping *Les Cèpes*** : 04 67 97 63 45, camping.ccecalcia@wanadoo.fr.
• Hôtel-restaurant *La Plage* 2 cheminées, 2 cocottes : 04 67 97 69 87, 12 chambres, www.pageloisirs.com/hotel-la-plage.

Lixirié (34330 La Salvetat-sur-Agout) hors GR® à 1 km
• Chambres, tables d'hôtes et gîte *Les Tables aux Vaches* : hameau, 06 13 20 26 02, http://lestablesauxvaches.free.fr, 10 places, restauration sur réservation, possibilité transport jusqu'à La Salvetat.

Salavert (81260 Anglès)
• *Refuge forestier de Salavert* : possibilité de faire du feu, table à l'intérieur.

Anglès (81260)
• Parc Résidentiel de Loisirs *Le Roussinas* : 05 63 70 90 43, www.roussinas.com.
• Gîte d'étape *La Guariguette* : bourg, 05 63 50 39 86, nicolecallet@laposte.net, ouvert tous les jours avril-oct., 15 personnes.
• Gîte d'étape communal : mairie, 05 63 70 97 19, 6 places, coin cuisine, douche.

Boissezon (81490)
• Gîte d'étape et de séjour *Le Saint-Jacques* : rue des Filtres, 06 79 20 29 34, mairie 05 63 50 52 59, 14 places, coin cuisine, possibilité plateau-repas, chambres de 2 lits.

Le Castelet (81100 Castres) hors GR® à 200 m
• Gîte, chambres et tables d'hôtes 4 épis *Le Castelet* : 05 63 35 96 27, 5 chambres, gîte en hors saison, 14 personnes, www.lecastelet.fr.

Gourjade (81100 Castres) hors GR® à 5,5 km
• *Camping de Gourjade**** : route de Roquecourbe, 05 63 59 33 51, campingdegourjade.net.

Castres (81100)
• Plusieurs hébergements : se renseigner à l'OT, 05 63 62 63 62, www.tourisme-castres.fr.

Le Pastelié (81290 Viviers-les-Montagnes) hors GR® à 800 m
• Chambres d'hôtes *La ferme* 3 clefs : 05 63 72 15 64, 06 08 85 34 89, http://j.limes.free.fr, 4 chambres de 2 à 5 personnes, repas sur réservation.

Le Moulin Bas (81110 Verdalle) hors GR® à 100 m
• Gîte 2 clefs, chambres et table d'hôtes : 05 63 98 60 76, 06 85 77 99 72 www.moulin-bas.com, 4 personnes.

En Gout (81110 Dourgne) hors GR® à 500 m
• Ferme équestre : 05 63 50 13 23, 16 places, sur réservation, www.roulottes-engout.com.

En Lanet (81110 Dourgne) hors GR® à 1 km
• Chambres d'hôtes *Relais d'En Lanet* : 05 63 74 15 12, corine.seguier@wanadoo.fr, 2 chambres, 5 personnes.

Dourgne (81110)
• *Accueil pèlerin abbaye d'En Calcat* : 05 63 50 84 10, 06 85 77 99 72, hotel1@encalcat.com, demi pension, 23 chambres.
• *Accueil pèlerin abbaye Sainte-Scholastique, gîte du Gazel* : 05 63 50 75 70, hotellerie@benedictines-dourgne.org, 35 places, réservé aux couples et aux femmes.
• *Hostellerie de la Montagne Noire*** 2 cheminées : 15 place des Promenades, 05 63 50 31 12, hotel.restaurant.montagne.noire@wanadoo.fr, 9 chambres.
• *Camping municipal de Travers de Saint-Stapin* : 05 63 50 31 20, mairie-dourgne@wanadoo.fr, ouvert mi-juin – mi-sept.
• Gîte, maison d'hôtes Charmance 3 épis *En Azémar* : 05 63 50 12 97, contact@azemar-gites.com, 2 chambres, 6 pers., ouvert janv. – mi-déc.

Les Peyrounels (81110 Dourgne) hors GR® à 1,7 km
• Maison d'hôtes Charmance 3 épis : 05 63 74 29 87, fr.corcelle@wanadoo.fr, 3 chambres, 9 personnes.

La Duretié (81540 Sorèze) hors GR® à 2 km
• Chambres d'hôtes : 05 63 50 86 36 et 06 19 73 06 09, 1 chambre, possibilité cuisiner, 2 personnes.

Sorèze (81540)
• *Le Pavillon des Hôtes**, hôtel abbaye école de Sorèze : rue Lacordaire, 05 63 74 44 80, 05 63 74 44 89, www.hotelfp-soreze.com, 52 chambres.
• *Le Logis des Pères***, hôtel abbaye école de Sorèze*** : rue Lacordaire, 05 63 74 44 80, 05 63 74 44 89, www.hotelfp-soreze.com, 20 chambres.
• *Camping Saint-Martin*** : Les Vigaries, 05 63 50 20 19, 06 26 74 01 17, www.campingsaintmartin.com, 54 places, emplacements ouverts 1er mai – 15 sept., réservation conseillée.
• Chambres d'hôtes *Le Moulin du Chapitre* 3 épis : 05 63 74 18 18, 06 46 48 47 84, www.moulinduchapitre.com, 3 chambres, 8 personnes.

• Gîte, table d'hôtes Maison d'hôtes Charmance *Le Moulin de l'Abbé* 3 épis : 05 63 74 25 57, 06 19 94 70 69, eliane.pinel@wanadoo.fr, 3 chambres, 9 personnes.

Revel (31250)
• Camping municipal *Le Moulin du Roy* : route de Sorèze, 05 61 83 32 47.
• Hôtel restaurant *La Commanderie******: 7 rue du Taur, 05 34 66 11 24, lacommanderie@yahoo.fr, 7 chambres, 90 couverts.
• *Hôtel restaurant du Midi*** : 34 bd Gambetta, 05 61 83 50 50, contact@ hotelrestaurantdumidi.com.
• Plusieurs hébergements : se renseigner à l'OT, 05 34 66 67 68.

Saint-Ferréol (31250 Revel)
par le GR® 7 à 2 km
• Hôtel-restaurant *La Renaissance* : 1 chemin Dauzats, 05 61 83 51 50.

Dreuilhe (31250 Revel)
hors GR® à 1 km
• Chambres et table d'hôtes *La Métairie de Dreuilhe* 1 et 2 épis : Chemin de la Fontaine, 05 62 18 02 24, augustinebolle@orange.fr, fermé en oct.

Saint-Félix-Lauragais (31540)
hors GR® à 2 km
• Chambre et table d'hôte : faubourg du Midi, 05 61 83 02 47, 8 places.
• Hôtel-restaurant *Le Cocagne* : place G.-Nogaret, 05 61 83 00 02, 10 chambres.
• Hôtel-restaurant *Auberge du Poids public* : 05 62 18 85 00, 10 chambres.

Les Cassés (11320)
hors GR® à 1,2 km
• Chambres d'hôtes : rue de l'Ancien Café, 04 68 23 17 71, 6 lits.

Soupex (11320) hors GR® à 1,5 km
• Chambres d'hôtes *Laspeyrisses* :

04 68 60 52 61, 06 09 72 66 83, 4 chambres, 8 personnes.

Labastide-d'Anjou (11320)
hors GR® à 1,2 km
• Hostellerie *Étienne* : 04 68 60 10 08, 6 chambres.
• Hostellerie *Le Grilladou* : 14 Grand-Rue, 04 68 60 11 63, 12 chambres.

Seuil de Naurouze
(11320 Montferrand)
• Gîte d'étape et chambre d'hôtes *Le moulin de Naurouze* : 06 22 49 57 15, 6 personnes, 2 dortoirs de 4, groupes seulement.

Avignonet-Lauragais (31290)
• Hôtel-restaurant *l'Obélisque* : 2 av. d'Occitanie, 05 61 27 24 30, 14 chambres (ouvert tous les jours, toute l'année).
• Auberge *Le Pilori* : 22 av. d'Occitanie, 05 61 27 12 47, 25 places (fermé mardi et mercredi)

Renneville (31290) hors GR® à 2 km
• Gîte *Viola 2000* : chemin des Voûtes, 05 61 81 22 18, 06 07 85 94 60.

Villefranche-de-Lauragais (31290)
• Hôtel-restaurant *Auberge de la Pradelle* : 21 place Gambettta, 05 61 81 60 72.
• *Hôtel-restaurant du Lauragais* : 15 rue de la République, 05 61 27 00 76.
• *Hôtel de France* : 106 rue de la République, 05 61 81 62 17.

Bordeneuve (31290 Montgaillard-
Lauragais) hors GR® à 1,2 km
• Chambre et table d'hôte : 05 62 71 12 20.

Villenouvelle (31290)
hors GR® à 800 m
• Chambre et table d'hôtes *Maison Joséphine* : 1 rue des Écoles, 05 34 66 20 13.

Bigot (31450 Montesquieu-
Lauragais) hors GR® à 2 km
• *Maison d'hôtes de Bigot* : château de Bigot, 05 61 27 02 83.

Ayguesvives (31450)
hors GR® à 3 km
• Chambre et table d'hôte : 39 Chemin de Toulouse, 05 61 81 55 96 ou 09 77 50 86 75.

Donneville (31450) hors GR® à 2 km
• Hôtel-restaurant *Motel l'Enclos*: 20 route Dép. 813, 05 62 71 74 74, contact@restaurant-enclos.com, 8 chambres, fermé le dimanche soir.
• Chambre et table d'hôtes, roulotte *Au Gré du Temps* : village, 05 61 81 93 32, 06 16 95 15 81, contact@ augredutemps.eu, ouvert toute l'année.

Auzeville-Tolosane (31320)
hors GR® à 2,6 km
• Hôtel *AER-Hotel* : 5 route de Narbonne, 05 61 73 35 13, aerhotel@ aol.com, 33 chambres.

Toulouse (31000)
• Auberge de Jeunesse *La Petite Auberge de Compostelle* : 17 rue d'Embarthe, métro Compans-Cafarelli (ligne B), 06 64 44 64 03, www.gite-compostelle-toulouse.com.
• *Hôtel Saint-Sernin* : 2 rue Saint-Bernard, 05 61 21 73 08, 06 08 85 77 95.
• *Hôtel des Arts* : 1 bis rue Cantegril, 05 61 23 36 21.
• *Foyer des Jeunes Travailleurs Jolimont* : 2 av. Y.-Brunaud, métro Jolimont (ligne A), 05 34 30 42 80, www.residence-jolimont.com.
• Plusieurs hébergements : renseignements à l'OT, 05 61 11 02 22, www.tourisme-toulouse.com.

Association de Coopération Interrégionale

Les chemins de Saint-Jacques de Compostelle

« *La marche est une énergie gratuite et inépuisable...* »

Pour en savoir plus **www.chemins-compostelle.co**

Association de Coopération Interrégionale «Les chemins de Saint-Jacques de Compostelle» - 4 rue Clémence Isaure FR-31000 TOULOUSE - Tél. : +33(0)5 62 27
L'ACIR Compostelle a été créée en 1990 par la Région Midi-Pyrénées avec le soutien des Régions Aquitaine, Languedoc-Roussillon, de la Ville de Toulouse et de nombreuses collectivités

Adresses utiles

Offices de tourisme (OT)

- Arles, 04 90 18 41 20.
- Saint-Gilles, 04 66 87 33 75, www.ot-saint-gilles.fr
- Vauvert, 04 66 88 28 52, wwwcamarguescostières-tourisme.fr
- Pays de Lunel, 04 67 71 01 37, www.ot-paysdelunel.fr
- Castries, 04 99 74 01 77, www.ot-castries.fr
- Montpellier, 04 67 60 60 60, www.ot-montpellier.fr
- Saint-Guilhem-le-Désert - Vallée de l'Hérault, 04 67 57 58 83 ou 04 67 57 44 33, www.saintguilhem-valleeherault.fr
- Lodévois et Larzac (Lodève), 04 67 88 86 44, www.lodevoisetlarzac.fr
- Pays des Monts et des Sources, 04 67 23 76 67 ou 04 67 23 74 16, www.avene.info
- Saint-Gervais-sur-Mare – Saint-Génies-de-Varensal, 04 67 23 68 88, mairie, 04 67 23 60 65, http://stgervaissurmare.free.fr
- Murat-sur-Vèbre, 05 63 37 47 47, www.si-murat81.fr
- Rieu Montagné, Nages, 05 63 37 06 01
- Pays d'Anglès, 05 63 74 59 13, si.angles@wanadoo.fr
- La Salvetat-sur-Agout, 04 67 97 64 44, www.salvetat-tourisme.fr
- Sidobre Paysage Sculpté, 05 63 74 63 38, www.sidobre.biz
- Castres, 05 63 62 63 62, www.tourisme-castres.fr
- Montagne noire – Dourgne, 05 63 74 27 19, www.paysdedourgne-tourisme.com
- Sorèze - Saint-Férréol, 05 63 74 16 28, www.ville-soreze.fr
- Castelnaudary, 04 68 23 05 73.
- Avignonet-Lauragais, 05 61 81 63 67.
- Revel - Saint-Ferreol - Montagne Noire, 05 34 66 67 68, www.tourisme-revel.com
- Saint-Félix-Lauragais, 05 62 18 96 99.
- Villefranche-de-Lauragais, 05 61 27 20 94, http://assoc.pagespro-orange.fr/otvillefranche31.
- Pays Lauragais, 04 68 60 56 54, www.payslauragais.com
- Toulouse, 05 61 11 02 22, www.ot-toulouse.fr

Randonnée

- Comité régional de la randonnée pédestre Provence-Alpes-Côte-d'Azur, 04 91 32 17 11, http://paca.ffrandonnee.fr
- Comité régional de la randonnée pédestre Languedoc-Roussillon, 04 67 82 16 73, www.ffrandonnee-lr.fr
- Comité régional de la randonnée pédestre Midi-Pyrénées, 05 62 24 18 77, www.randonnees-midi-pyrenees.com
- Comité départemental de la randonnée pédestre des Bouches-du-Rhône, 04 91 32 17 10, http://pagesperso-orange.fr/cdrp13
- Comité départemental de la randonnée pédestre du Gard, 04 66 74 08 15, http://gard.ffrandonnee.fr
- Comité départemental de la randonnée pédestre de l'Hérault, 04 67 41 78 58, http://herault.ffrandonnee.fr
- Comité départemental de la randonnée pédestre du Tarn, 05 63 47 33 70, www.randonnee-tarn.com
- Comité départemental de la randonnée pédestre de l'Aude, 04 68 47 69 26, http://ffrp.carcassonne.net/
- Comité départemental de la randonnée pédestre de la Haute-Garonne, 05 34 51 58 31, http://cdrp31.free.fr
- Centre d'infos FFRandonnée, 64, rue du Dessous-des-Berges, 75013 Paris, 01 44 89 93 93, www.ffrandonnee.fr

Tourisme

- CRT PACA, 04 91 56 47 00, www.decouverte-paca.fr
- CRT Languedoc-Roussillon, 04 67 20 02 20, www.sunfrance.com
- CRT Midi-Pyrénées, 05 61 13 55 48, www.tourisme-midi-pyrenees.com
- CDT des Bouches-du-Rhône, 04 91 13 84 40, www.visitprovence.com
- ADRT du Gard, 04 66 36 96 30, www.tourismegard.com
- CDT de l'Hérault, 04 67 67 71 71, www.herault-tourisme.com
- CDT du Tarn, 05 63 77 32 10, www.tourisme-tarn.com
- CDT de l'Aude, 04 68 11 66 00.
- CDT de la Haute-Garonne, 05 61 99 44 00, www.tourisme-haute-garonne.com

Autres adresses utiles

- Association de coopération interrégionale, Toulouse, 05 62 27 00 05, www.chemins-compostelle.com
- Société française des Amis de Saint-Jacques-de-Compostelle, Paris, 01 43 54 32 90, www.compostelle.asso.fr
- Association Les Amis des Chemins de Saint-Jacques en Occitanie, 06 70 27 45 42, compostelle.toulouse.free.fr

midipyrenees.fr

Formation, transport, économie, développement
durable, spectacle, sport… Informez-vous sur la Région.
Tous en ligne sur le site **midipyrenees**.fr

www.midipyrenees.fr

RÉGION
MIDI-PYRÉNÉES

Bibliographie, cartographie

Ouvrages sur le pèlerinage de Saint-Jacques

- J. Bourdarias et M. Wasielewski, *Guide européen des Chemins de Compostelle*, éd. Fayard.
- P. Caucci von Saucken et collaborateurs, *Pèlerinages – Compostelle, Jérusalem, Rome.* Présence de l'art, éd. Zodiaque – Desclée de Brouwer.
- Collection In Situ, *Les Chemins de Saint-Jacques de Compostelle*, éd. MSM.
- R. de la Coste-Messelière et J. Vielliard ; *Deux relations inédites de pèlerinage à Compostelle* de, - Annuaire-Bulletin de la Société de l'Histoire de France, 1978.
- P. Huchet, *Les Chemins de Compostelle en terre de France*, éd. Ouest-France.
- D. Laffi, *Viaggio in Ponente a San Giacomo di Galitia e Finisterrea*, Naples, 1989.
- S. Martineaud, *Le livre d'or de Compostelle*, éd. Bayard.
- D. Péricard-Méa, *Les routes de Compostelle*, éd. J.P. Gisserot.
- D. Péricard-Méa et L. Mollare, *Dictionnaire de Saint-Jacques-de-Compostelle*, éd. J.-P. Gisserot.
- *Chemins de Saint-Jacques*, Encyclopédies du Voyage, Gallimard.
- C. Henneghien et B. Gauthier, *Compostelle : la légende, l'histoire, les chemins, les hommes*, éd. Édisud.
- X. Barral I Altet, *Compostelle, le grand chemin*, Découvertes Gallimard.

Ouvrages géographiques et historiques sur la région

- Guide Vert *Languedoc-Roussillon*, éd. Michelin.
- Guide Vert *Midi-Pyrénées*, éd. Michelin.
- Guide du Routard *Languedoc-Roussillon*, éd. Guide du Routard.
- Guide du Routard *Midi-Pyrénées*, éd. Guide du Routard.
- Sadaune S., *Midi-Pyrénées*, éd. Ouest France.
- Joutard P., *Les Cévennes de la montagne à l'homme*, éd. Privat.
- Clément P.-A., *Les Chemins à travers les Ages en Cévennes et Bas-Languedoc,* Les Presses du Languedoc.
- Girault M., *Le Chemin de Régordane*, éd. Lacour.
- Derrien B., *Lodève au xxᵉ siècle*, ed. les cahiers du lodévois.
- Wolff P., *Histoire du Languedoc*, ed. Privat.
- Roquebert M., *Histoire des cathares*, ed. Tempus
- *Point de vue sur la garrigue*, ed. les écologistes de l'Euzière.
- Redon J., *Histoire de Montpellier de la fondation à 1914*, ed.

Hébergements

www.gites-refuges.com

Cartographie

- Cartes IGN au 1 : 25 000 : 2943 ET, 2943 OT, 2843 OT, 2743 ET, 2643 E, 2642 ET, 2643 OT, 2543 OT, 2443 ET, 2343 ET, 2343 O, 2344 OT, 2244 E, 2244 O, 2245 O, 2143 O, 2144 O, 2144 E, 2244 O, 2244 E.
- Cartes IGN au 1 : 100 000 Top 100 : n°168, 169, 170, 171.
- Cartes Michelin 1 : 150 000 : n°339.

Organisation
des Nations Unies
pour l'éducation,
la science et la culture

Chemins de Saint-Jacques-de-Compostelle en France
inscrits sur la Liste du patrimoine mondial en 1998

Le 2 décembre 1998, l'annonce de l'inscription sur la liste du patrimoine mondial par l'Unesco des chemins de Saint-Jacques-de-Compostelle en France venait couronner les efforts conjugués de l'État, de la Fédération française de la randonnée pédestre, de la Société française des Amis de Saint-Jacques-de-Compostelle et de l'Association de coopération interrégionale « Les chemins de Saint-Jacques-de-Compostelle ».

Aujourd'hui, la réhabilitation engagée en 1995 par la Fédération française de la randonnée pédestre avec l'aide de la Fondation d'Entreprise Gaz de France s'achève.

Depuis la Belgique, la Suisse et bientôt l'Italie, les pèlerins randonneurs disposeront, pour rejoindre l'Espagne, de quatre itinéraires tracés au plus près des quatre Voies principales, ponctués de jalons particulièrement représentatifs marquant, par la coquille stylisée or sur fond bleu, l'appartenance de ces cheminements aux « Itinéraires Culturels européens ».

Au total, plus de **5 000 km** aménagés en GR®
140 jalons implantés
52 comités départementaux et **12** comités régionaux impliqués
8 topo-guides® maintes fois réédités et **4** en préparation
10 ans de travail

La Fédération remercie tous ceux qui y ont contribué.

Les Chemins de
Saint-Jacques-de-Compostelle
en France

—— Cheminements pédestres existants
•••• Cheminements pédestres en projet
Principaux Chemins historiques

de Paris à St-Jacques : 1743 km
de Vézelay à St-Jacques : 1878 km
du Puy à St-Jacques : 1522 km
d'Arles à St-Jacques : 1588 km

© Fédération Française de la Randonnée Pédestre - Reproduction inte

Découvrir
les voies jacquaires

L a découverte des reliques de l'apôtre Jacques le Majeur, en Galice, vers 800, a donné naissance, jusqu'à la fin du IXᵉ siècle, à un culte d'abord limité sur le plan régional. Peu à peu, la renommée du sanctuaire espagnol se répand, si bien que les pèlerins affluent des contrées les plus lointaines. Ainsi, pendant des siècles, les pèlerins occidentaux se sont-ils rendus vers Saint-Jacques-de-Compostelle. Très vite, des chemins préférentiels ont dessiné une nouvelle carte : celle des dévotions médiévales. S'ils n'étaient pas des plus directs, ces chemins étaient jalonnés d'étapes recherchées par le pèlerin du Moyen Âge : reliques prestigieuses, sanctuaires célèbres ou hospices secourables. La motivation essentielle du pèlerin était la rencontre avec les reliques qui leur permettaient la guérison de leurs souffrances et même le rachat de leurs fautes. Cette carte forme ce qu'il est devenu courant d'appeler les « chemins de Saint-Jacques ». De nombreux historiens sont partis à la recherche d'indices (coquilles gravées sur un mur, sépulture d'un pèlerin, récits de voyageurs, etc.) pour proposer une variante, une voie secondaire aux quatre grandes routes énoncées dans *Le Guide du pèlerin de Saint-Jacques-de-Compostelle* rédigé par Aymeri Picaud au XIIᵉ siècle. Un jeu complexe de ramifications se lie alors aux quatre voies principales, démontrant que les pèlerins empruntaient toutes les routes qui s'offraient à eux. En effet, si tous les chemins mènent à Rome, toutes les routes conduisent à Saint-Jacques !

Ces grands chemins décrits dans *Le Guide* reposent sur une réalité historique. Ils sont tous ponctués de sanctuaires incontournables pour le pèlerin médiéval. « Il y a (explique Aymeri Picaud) quatre routes qui, menant à Saint-Jacques, se réunissent en une seule à Puente-la-Reina, en territoire espagnol ; l'une passe par Saint-Gilles (du Gard), Montpellier, Toulouse et le Somport ; une autre par Notre-Dame du Puy, Sainte-Foy de Conques et Saint-Pierre de Moissac ; une autre traverse Sainte-Marie-Madeleine de Vézelay, Saint-Léonard en Limousin et la ville de Périgueux ; une autre encore passe par Saint-Martin de Tours, Saint-Hilaire de Poitiers, Saint-Jean d'Angély, Sainte-Eutrope de Saintes et la ville de Bordeaux. La route qui passe par Sainte-Foy, celle qui traverse Saint-Léonard et celle qui passe par Saint-Martin se réunissent à Ostabat et, après avoir franchi le col de Cize, elles rejoignent à Puente-la-Reina celle qui traverse le Somport ; de là, un seul chemin conduit à Saint-Jacques… »

Le randonneur d'aujourd'hui doit savoir qu'il lui sera impossible de mettre ses pas dans ceux du pèlerin d'hier. Depuis le XIIᵉ siècle, les chemins décrits dans *Le Guide* ont évidemment évolué. Le cheminement d'aujourd'hui est lié aux contraintes modernes : emprunter des chemins publics, avec hébergements à intervalles réguliers, sans trop de déviations, parfois plus agréables pour un randonneur, mais pénalisantes pour un marcheur au long cours visant un objectif éloigné.

Historiques ou non, plusieurs voies de raccordement ont ainsi été réaménagées par les bénévoles de la Fédération française de la randonnée pédestre. Elles proviennent de Belgique, d'Allemagne, de Suisse et d'Italie et rejoignent les quatre « grandes routes », proposant ainsi une communication avec l'Europe entière.

Provence-Alpes-Côte d'Azur, terre de randonnée

Avec 6 500 kilomètres de sentiers de grande randonnée, Provence-Alpes-Côte d'Azur vous invite à découvrir les richesses de son patrimoine naturel au rythme de vos pas.

Région Provence-Alpes-Côte d'Azur
regionpaca.fr

Découvrir
le sentier vers
Saint-Jacques-de-Compostelle

Pays de langue d'oc et empreinte romaine

Entre versant méditerranéen et océanique, cet itinéraire reliant Arles à Toulouse, nous emmène à travers le Languedoc, de Provence jusqu'aux portes de la Gascogne. En partie commun avec la *via Domitia*, la plus ancienne voie romaine de Gaule, cet itinéraire méridional traverse des paysages jadis modelés par les Romains. Par la suite, cette bande méridionale longtemps maintenue à l'écart du royaume franc, subira la marque unilatérale des pays d'oc. Serpentant à travers les collines tapissées de garrigue, contournant les falaises, franchissant les gorges, au fil des siècles, des voies de passage ont été ouvragées par l'homme qui laissera son empreinte : gués aménagés, ponts, croix, oratoires, chapelles …

La Camargue, un espace apprivoisé

Trait d'union entre les Bouches-du-Rhône et le Gard, la Petite Camargue s'étire en une plane immensité sablonneuse ponctuée de marais, d'étangs et de roselières, de lagunes d'eau saumâtre et de steppes de sel. Ici,

CAPITELLE
DANS L'HÉRAULT /
PHOTO C.E.

PHOTOS (de gauche à droite)
ÉGLISE SAINTE-TROPHISME D'ARLES / PHOTO P.P.
RANDONNEUSE À SAINT-GUILHEM / PHOTO C.E.
TOUR POIVRIÈRE À AVIGNONET-LAURAGAIS / PHOTO J.-P.B.
BRUYÈRES DANS LES MONTS DE LACAUNE / PHOTO L.F.

les moutons mérinos et taureaux le disputent aux rizières et aux cultures de blé. En s'éloignant du littoral, vignes et vergers ont remplacé d'anciennes zones marécageuses désormais drainées. Peupliers blancs, saules et frênes sont les seuls vestiges de la vaste forêt camarguaise d'antan. Les principales ressources sont l'élevage du mouton et quelques cultures : riz, vin, fruits, céréales, fourrage.

Au royaume de la garrigue

LA RIGOLE PRÈS DE LENCLAS / PHOTO S.I.

Doucement, la Provence cède la place au Languedoc. À flanc de coteau, de somptueuses vignes annoncent les Costières du Gard. Les pentes rocailleuses des Garrigues hébergent chênes verts et chênes Kermès, genêts, bruyère, lavande, cistes, thym et romarin. Ici et là, petites vignes et plantations d'oliviers, d'amandiers et de figuiers.

Vers le nord, le massif cristallin des Cévennes s'élève jusqu'au mont Aigoual, point culminant (1565 m) et château d'eau de la région. L'itinéraire quitte la plaine languedocienne pour s'élever graduellement vers l'intérieur du département de l'Hérault où dominent pinèdes et garrigues. Les gorges abruptes de l'Hérault, accueillent une faune et une flore rupestres, spécifiquement méditerranéennes, notamment le pin de Salzmann, la sélaginelle denticulée et le cyclamen des Baléares. Le site abrite également reptiles, loutres, chauves-souris, libellules et le si rare aigle de Bonelli. Le fleuve héberge une riche faune : goujon, barbeau commun et méridional, blageos, loche franche, gardon. Sur le massif de Saint-Guilhem, le milieu favorise une faune spécifique : insectes xylophages, couleuvres, lézards, fauvettes, éperviers.

CROIX DE CHEMIN /
PHOTO R.C.

Essentiellement minérale, l'architecture rurale s'adapte aux dénivellations et se caractérise par des volumes simples, murs de moellons de schiste ou de granite, ouvertures réduites, toiture de tuiles canal méditerranéennes ou lauzes montagnardes. De grands domaines ou villas sont nés de l'essor de la viticulture.

De monts en massifs, **entre Tarn et Hérault**

Ici, commence la zone de moyenne montagne qui occupe la partie septentrionale du département : Séranne, Escandorgue, Espinouse, Somail, les chaînes montagneuses se succèdent, relayées au nord par le Causse du Larzac et les Cévennes.
Le département de l'Hérault s'achève aux portes du Parc Régional du Haut-Languedoc. Avec les premières influences atlantiques, garrigue et maquis s'estompent pour laisser place aux vallons boisés de sapins et aux cultures de céréales. À l'est du département du Tarn, monts de Lacaune et monts de l'Espinouse font le gros dos, boisés de hêtres et de châtaigniers. Dominant la plaine de Castres, le plateau du Sidobre déploie ses paysages sculptés de rochers aux formes étranges, dont le granit a conféré une réputation internationale à la région.

Dans l'ombre de la **Montagne Noire**

Le sillon de Thoré sépare le Sidobre de la Montagne Noire, dernier chaînon cristallin du sud du Massif central, qui s'élève brusquement avec ses pentes tapissées de sombres forêts de chênes rouvres, hêtres, sapins et épicéas. Plus bas, la plaine castraise livre ses vastes horizons aux cultures de céréales. La Rigole cueille le randonneur à la sortie de Revel pour le mener jusqu'au Seuil de Naurouze situé sur la ligne de partage des eaux entre Atlantique et Méditerranée. Elle alimente le canal du Midi, ancien « canal royal des Deux Mers », imaginé par l'ingénieux Pierre-Paul Riquet. Le Lauragais clôt cette randonnée, légendaire terre du pastel, avec ses rondes collines aux lumineuses parures de blé, d'orge, de colza, de maïs et de tournesol.

Ci-contre, Castellas de Montpeyroux / Photo C.E.
Flamants roses en Camargue / Photo N.V.

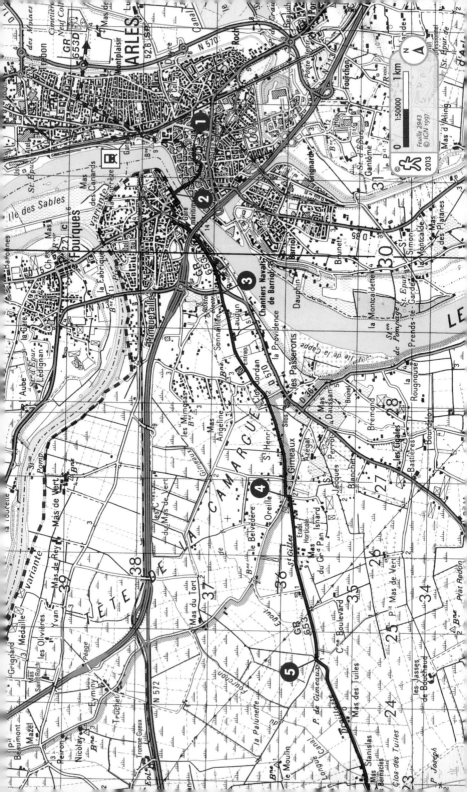

D'Arles à Toulouse

Des arènes d'Arles à la sortie du pont sur le Grand Rhône | 1 km | 15 min

En Arles >

ARÈNES D'ARLES / Photo P.P.

👁 **>** Plus grande commune de France (75 000 ha), Arles a toujours été un carrefour de routes reliant l'Italie à l'Espagne, idéalement située en bordure d'une importante voie fluviale : le Rhône. Très vite, la ville, dotée d'un vaste territoire, prospère et s'enrichit de monuments. Le théâtre a été construit à la fin du premier siècle avant J.-C. Il pouvait contenir 10 000 spectateurs. Au Moyen Âge, il servit de carrière, puis fut entièrement recouvert de maisons. Le déblaiement des vestiges date du début du XIXe siècle. L'amphithéâtre fut construit un siècle plus tard. Son enceinte extérieure est composée de deux étages comportant chacun 60 arcades et enserrant 33 gradins qui pouvaient accueillir 20 000 spectateurs. La première course de taureaux eut lieu en 1830. Aujourd'hui, l'amphithéâtre est une *plazza de toro* renommée. L'église Saint-Trophime fût élevée en plusieurs phases. Le portail (1180), chef d'œuvre de l'art roman, est d'une grande qualité architecturale. Inspiré des modèles antiques, il a pour décor le Jugement Dernier. Le cloître Saint-Trophime, construit à l'angle sud est de la cathédrale, comporte côté préau, de ses galeries, des chapiteaux sculptés, autour du thème de l'Ancien et du Nouveau Testament. Le cloître fut terminé à la fin du XIVe siècle.

1 Des arènes, descendre par la rue de la Calade, puis tourner à gauche, place de la république [👁 **>** mairie, église Sainte-Trophime]. Traverser la place en diagonale et prendre à droite la rue de la République jusqu'à la place Antonelli. Continuer à droite dans le même prolongement par la rue Anatole-France jusqu'au pont de Trinquetaille sur le Grand Rhône. Franchir le pont.

> Départ de la variante qui suit le Petit Rhône (voir pages 38 à 41).

De la sortie du pont sur le Grand Rhône au pont de Gimeaux | 6,5 km | 1 h 40

2 Au bout de pont, emprunter à gauche l'escalier qui dessert le quai de Trinquetaille. Longer le quai et tourner à droite dans la rue André-Benoit. S'engager à gauche sur l'avenue de Camargue ; la suivre jusqu'au rond-point de sortie d'agglomération.

3 Traverser le rond-point (⚠ **> attention !, forte circulation à certaines heures)** et récupérer en face le chemin de Gimeaux (C 108), petite route qui file en direction de Gimeaux (chemin d'Arles). Ignorer des voies de part et d'autres, dépasser quelques petits hameaux. Laisser le centre de Gimeaux sur la gauche et atteindre une bifurcation.

4 S'avancer à gauche, puis à droite sur le chemin de Palunlongue ou « draillase de Saint-Gilles » et arriver au pont de Gimeaux.

Rejoignez-nous et randonnez l'esprit libre

Pour mieux connaître la fédération, les adresses des associations de votre département, pour tout savoir sur l'actualité de la randonnée, pour adhérer ou découvrir la collection des topo-guides.

Tout sur **www.ffrandonnee.fr**

FFRandonnée

LE CHEMIN D'ARLES

Également dénommé « Route de Saint-Gilles » ou *Via Arletanensis*, ou encore *Via Tolosana* (noms liés à la présence sur ce chemin de Saint-Jacques-de-Compostelle de villes abritant d'importants sanctuaires), le chemin d'Arles est l'un des quatre grands axes de pèlerinage traversant la France. Il rejoint Puente-la-Reina en Navarre espagnole, puis Saint-Jacques-de-Compostelle par le « Camino francés ».

Il accueillait les jacquets venus d'Italie, des Alpilles et de Provence, et servait également, en sens inverse, les « romieux » venus d'Espagne ou de France qui se rendaient à Rome. En Arles, selon Aimery Picaud, les pèlerins devaient rendre visite au corps des bienheureux Trophime, confesseur, Césaire, évêque et martyr, puis aux reliques de l'évêque saint Honorat et du très saint martyr Genès. Nous conseillerons simplement de visi-

CLOÎTRE SAINTE-TROPHIME D'ARLES / PHOTO P.P.

ter, l'église et le cloître Sainte-Trophime, le théâtre antique, l'amphithéâtre, situés sur l'itinéraire du sentier GR® 653, et, bien entendu, hors itinéraire, si le temps ne manque pas, l'église Saint Honorat et les Alyscamps (Champs Elysées en provençal, nécropole remontant à l'époque romaine, et située au sud-est de la ville) si chers à Aimery Picaud.

SAINT-GILLES, CARREFOUR DE PÈLERINAGES

Sur la route d'Arles, Saint-Gilles constitua dès le Moyen Âge, un carrefour de pèlerinages, d'où notamment, on embarquait pour la Terre Sainte. Au IXe siècle, le tombeau de l'ermite Gilles attire les premiers pèlerins, empruntant la voie Régordane ou Chemin de Saint-Gilles, au départ du Puy-en-Velay. Une abbaye bénédictine affiliée à l'ordre de Cluny sera érigée par la suite. De l'ancienne basilique romane, ne subsistent que quelques vestiges, dont le portail intégralement conservé, chef-d'œuvre de l'art roman provençal. On peut également admirer la célèbre vis de Saint-Gilles, exceptionnel escalier tournant, coiffé d'une voûte en berceau hélicoïdal. Pour certains, l'auteur de cet ouvrage pourrait être l'architecte et sculpteur Maître Mateo, le maître d'œuvre du Porche de la Gloire à la cathédrale de Compostelle. En effet, le portail sculpté de Santiago s'inscrit dans la lignée des grands portails romans, Vézelay, Chartres, Conques, Moissac. Bien que nul ne puisse en être certain, les nombreux échanges artistiques à l'apogée de l'époque romane pourraient attester cette thèse.

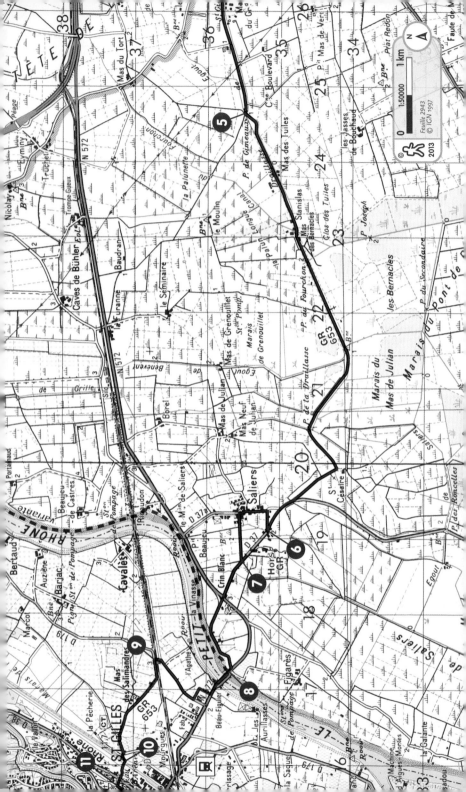

Du pont de Gimeaux à la sortie de Saliers   8 km   2 h

👁 > Zone humide d'importance exceptionnelle, le parc naturel régional de Camargue se situe au bord de la Méditerranée à l'intérieur du delta du Rhône entre les deux bras du fleuve. Ses missions principales sont : concilier agriculture et environnement et développer la qualité des produits, protéger la nature, et garantir la maîtrise d'une gestion globale de l'eau sur ce territoire.

5 Au pont, poursuivre sur la C 113, petite route circulant à travers les marais [👁 > observer les nombreux oiseaux présents ; l'itinéraire traverse le parc naturel régional de la Camargue]. À Saint-Césaire (point d'eau), la route vire à droite et débouche sur la D 37 ; la longer à droite jusqu'à l'intersection en direction de Saliers (D 37A).

6 Tourner à droite en direction du village. Dans Saliers, prendre à gauche la première route qui retrouve la D 37.

Hors GR® > pour Crin Blanc (Saliers)   150 m   5 min   ⚠
Suivre la D 37 à gauche.

De la sortie de Saliers au pont de Saint-Gilles   1,5 km   20 min

7 Suivre la D 37 à droite. Au carrefour avec la N 572, aller en face sur la voie des Cabanettes (C 145) et rejoindre la nationale. Tourner à droite.

> Arrivée de la variante qui longe le Petit Rhône depuis Arles.

(1) Gravelot à collier interrompu /
(2) Héron garde-bœuf sur un cheval camarguais /
(3) Rainette méridionale /
(4) Guêpier d'Europe / Photos N.V.

AGRICULTURE SUR LES HAUTES TERRES DE CAMARGUE

RIZIÈRE PRÈS DE SAINT-GILLES / Photo N.V.

Les cultures occupent la majeure partie de la Camargue fluvio-lacustre, soit un tiers de la superficie totale. Elles sont installées sur les dépôts de matériaux charriés par le fleuve et abandonnés suite à des crues violentes et des débordements successifs. Dès l'Antiquité, ces terres ont été le support d'activités économiques. Les mas et hameaux s'y succèdent à l'abri des inondations et les voies de communication les empruntent également. L'eau d'irrigation provient du Rhône et circule dans un réseau complexe. Près de 400 millions de m³ d'eau par an sont soustraits aux fleuves et utilisés surtout pour la riziculture qui occupe 80% des terres labourables, le reste étant réparti entre cultures céréalières (blé, maïs) et maraîchères (fruits et légumes). En bordure des bourrelets alluviaux du Rhône, les pelouses à vocation pastorale ne subsistent que sur de faibles surfaces remplacées peu à peu par des rizières.

LES BOISEMENTS

Dominée par les contraintes fortes du sel et de l'eau, la Camargue constitue une exception dans la végétation méditerranéenne habituelle. Les espaces forestiers (5,5% du milieu naturel) y sont peu représentés, mais constituent cependant un espace fondamental pour le maintien de l'équilibre écologique de tout le delta. La ripisylve (forêt riveraine du fleuve) des Grand et Petit Rhône y subsiste sous forme de lambeaux sur les bourrelets alluviaux : frênes, peupliers blancs, aulnes glutineux, ormes, mêlés de figuiers et roselières. Saules blancs et tamaris sont présents surtout dans les zones salées. La ripisylve est un support indispensable à la nidification des colonies de hérons et aigrettes garzettes. De nombreux passereaux s'y reproduisent en couples isolés. On y rencontre également le renard, le sanglier, le ragondin, etc. Le tamaris est le seul arbre à pousser sur les terres salées.

AIGRETTE GARZETTE / Photo N.V.

ARCHITECTURE RURALE

Les grandes propriétés dominent l'espace rural. Les mas camarguais, situés sur les levées alluviales et dans des bosquets qui les protègent du vent, sont constitués d'un bloc massif et rectangulaire dont une des extrémités est marquée par un pigeonnier. Tout à la fois unités d'habitation et de production, les mas peuvent former de véritables hameaux entourés par les modestes logements des ouvriers agricoles saisonniers et les bâtiments d'exploitation.

Les cabanes, demeures des pêcheurs, des gardians et des ouvriers agricoles, étaient construites à partir de matériaux locaux : bois, pierre calcaire, terre et roseaux.

ÉLEVAGE : TAUREAUX ET CHEVAUX

L'élevage extensif de chevaux et de taureaux est étroitement lié à la vie camarguaise d'un point de vue économique, écologique et culturel. Les troupeaux sont menés en manades gardées par des « gardians ». Le taureau de Camargue, appelé le « biou », noir et de petite taille, est élevé pour la course camarguaise. On élève aussi, mais en moindre proportion, le taureau espagnol nommé « brave », pour la corrida.

L'élevage du cheval de Camargue, appelé le « rosse », a évolué : de l'outil de production qu'il représentait, il est insensiblement devenu un produit touristique destiné à la promenade. Les chevaux et taureaux de Camargue disposent d'une forte image de marque et fondent les traditions de la culture camarguaise.

ÉLEVAGE DE TAUREAUX / Photo N.V.

Du pont de Trinquetaille au bois de Beaumont

| 9 km | 2 h 15 |

A Au bout du pont de Trinquetaille sur le Grand Rhône, descendre à droite les escaliers menant au cimetière de Trinquetaille par le quai Saint-Pierre.

B Au cimetière, s'avancer sur le chemin de digue jusqu'au pont de Fourques. Traverser la route et poursuivre sur le chemin de digue jusqu'au pont de Grand Gallègue.

C Passer sous le pont en suivant la berge et continuer sur le chemin de digue qui s'écarte parfois un peu de la berge, pour atteindre le bois de Beaumont.

☉ > Le delta du Rhône est relativement jeune puisque le trait de côte actuel ne date que d'environ 3 000 ans. Au XVIIIe siècle, en l'absence de digue, le delta évoluait en permanence, gagnant par endroits des terres sur la mer, lui en cédant d'autres ailleurs. Le cours du fleuve était sujet à de fréquents changements de lits ; il déviait au hasard des crues saisonnières. La première moitié du XIXe siècle fut une période difficile pour les habitants, victimes d'un grand nombre de crues successives. Les plus terribles furent celles de 1840 et surtout de 1856. Cette dernière provoqua des dégâts si considérables que Napoléon III vint constater la situation. Cette catastrophe aura pour conséquence de rendre effective la réalisation, depuis longtemps projetée, des travaux d'isolement par des digues. La seconde branche du Rhône, le Petit Rhône, à partir de Fourques, a formé les territoires de l'ancienne Terre d'Argence, de Saint-Gilles, la Petite Camargue et les étangs d'Aigues-Mortes. Son débit était autrefois beaucoup plus important. Site de grande importance pour la remontée des poissons migrateurs, les ripysylves qui le bordent comportent également des fragments de forêts alluviales résiduelles avec la présence de chênes pédonculés.

LE PETIT RHÔNE VERS L'AMONT / PHOTO P.P.

Du bois de Beaumont au pont de Saint-Gilles   **9,5 km** **2 h 30** ▭

D Le chemin de digue s'écarte du Petit Rhône pour traverser la partie sud du bois, puis passe sous l'autoroute A 54 et rejoint la berge. Poursuivre toujours sur le même chemin de digue jusqu'à l'ancienne voie de chemin de fer (désaffectée) qui enjambe le Petit Rhône.

E Franchir la voie de chemin de fer, en laissant le pont sur la droite, et poursuivre en direction du pont de Saint-Gilles. Déboucher sur la D 37 à hauteur du pont.

> Jonction avec l'itinéraire principal.

👁 > La construction des digues du Rhône et du littoral, des canaux d'irrigation et des stations de pompage nécessaires à la mise en valeur économique des terres camarguaises, a conduit au développement d'un vaste réseau hydraulique. Les étangs occupent plus de 25% du territoire. Ils sont de faible profondeur (2 mètres maximum pour le Vaccarès) et de faible salinité. Milieu très attractif pour l'avifaune, ils abritent notamment une importante colonie de flamants roses. Les canards (colverts, siffleurs, fuligules milouins, sarcelles, etc.) y passent l'hiver. Une importante faune d'invertébrés attire les oiseaux limicoles : barges, chevaliers, bécasseaux, etc. Les hérons et les aigrettes y sont particulièrement représentés.

(1) HÉRON POURPRÉ /
(2) FULIGULE MILOIN /
(3) FLAMANT ROSE /
(4) HÉRON CENDRÉ / PHOTOS N.V.

La gardiane > Recette provençale par excellence originaire de Camargue, c'est un plat savoureux, populaire et rustique dont on se régale depuis toujours en Petite et Grande Camargue. On cuisinait autrefois la gardiane dans la cheminée, où elle mijotait quelques heures. 48 heures auparavant, débiter environ 2 kg de viande de taureau camarguais à mettre à mariner dans deux bouteilles de Châteauneuf-du-Pape avec des oignons, de l'ail, des carottes, du sel, du poivre, du persil. Le jour J, égoutter les morceaux et les faire cuire à feu vif dans une grande sauteuse. Recouvrir ensuite de la marinade et laisser mijoter au moins 2 heures à feu doux. L'idéal est d'accompagner avec un grand plat de riz camarguais et de servir le même vin que celui qui a servi pour la marinade.

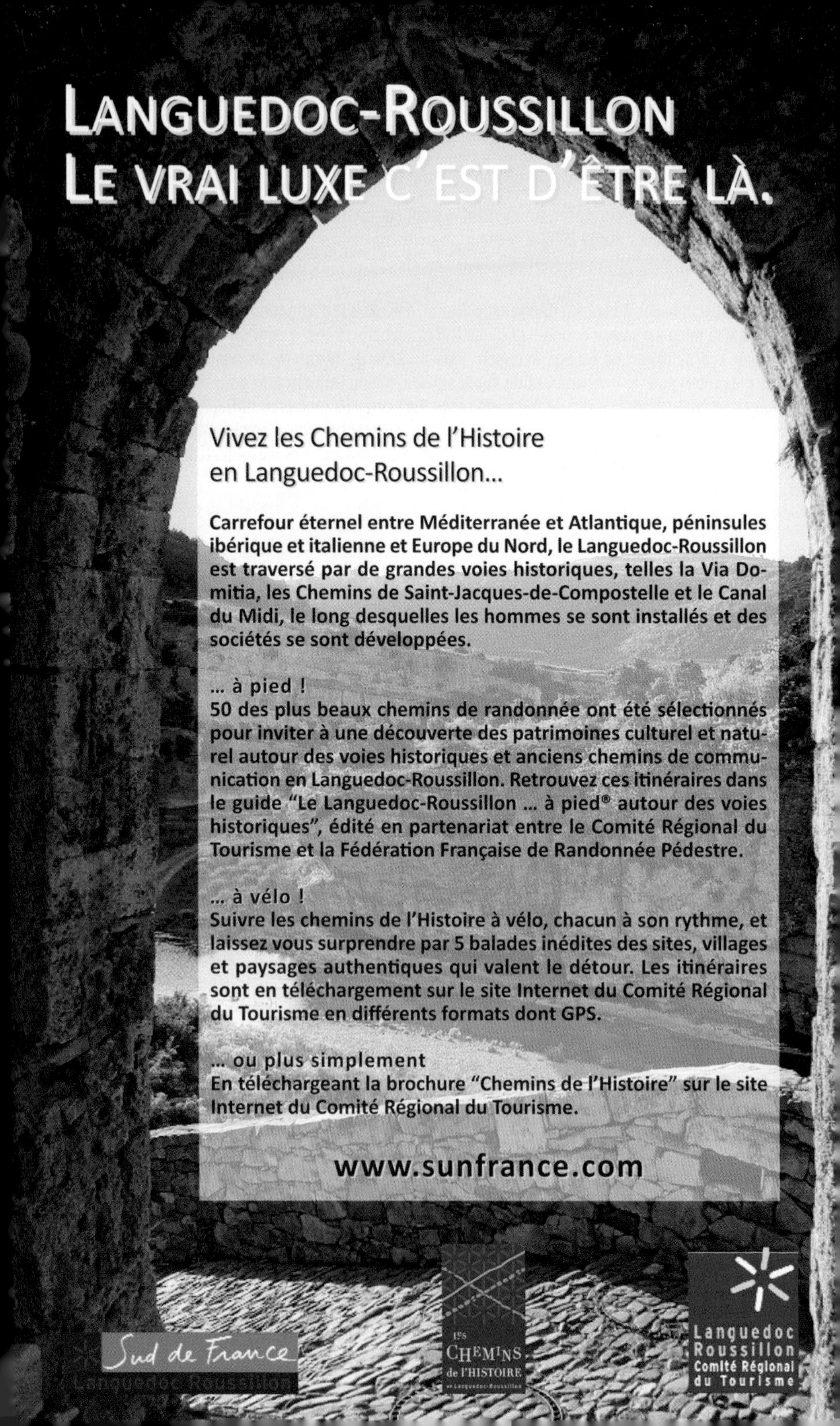

LANGUEDOC-ROUSSILLON
LE VRAI LUXE C'EST D'ÊTRE LÀ.

Vivez les Chemins de l'Histoire en Languedoc-Roussillon...

Carrefour éternel entre Méditerranée et Atlantique, péninsules ibérique et italienne et Europe du Nord, le Languedoc-Roussillon est traversé par de grandes voies historiques, telles la Via Domitia, les Chemins de Saint-Jacques-de-Compostelle et le Canal du Midi, le long desquelles les hommes se sont installés et des sociétés se sont développées.

... à pied !
50 des plus beaux chemins de randonnée ont été sélectionnés pour inviter à une découverte des patrimoines culturel et naturel autour des voies historiques et anciens chemins de communication en Languedoc-Roussillon. Retrouvez ces itinéraires dans le guide "Le Languedoc-Roussillon ... à pied® autour des voies historiques", édité en partenariat entre le Comité Régional du Tourisme et la Fédération Française de Randonnée Pédestre.

... à vélo !
Suivre les chemins de l'Histoire à vélo, chacun à son rythme, et laissez vous surprendre par 5 balades inédites des sites, villages et paysages authentiques qui valent le détour. Les itinéraires sont en téléchargement sur le site Internet du Comité Régional du Tourisme en différents formats dont GPS.

... ou plus simplement
En téléchargeant la brochure "Chemins de l'Histoire" sur le site Internet du Comité Régional du Tourisme.

www.sunfrance.com

Sud de France
Languedoc Roussillon

LES CHEMINS
de l'HISTOIRE
en Languedoc-Roussillon

Languedoc
Roussillon
Comité Régional
du Tourisme

LA VIA DOMITIA ...

ainsi que le réseau de voies secondaires qui l'accompagnent – ont été créés à partir du IIe siècle av. J.C. afin d'assurer les communications avec Rome et de permettre la circulation de l'armée romaine en conquête. Plus ancienne voie romaine en Gaule, elle devient très vite une voie majeure de communication et de commerce, atout de développement des principales villes du Languedoc-Roussillon.

Elle illustre le génie romain qui se matérialise dans de nombreux sites et monuments de la région (Pont du Gard, amphithéâtre romain de Nîmes...).

Aujourd'hui, des portions de la route originelle et des ouvrages encore visibles (ponts, bornes milliaires...) témoignent de cette formidable réalisation, conçue il y a plus de 2000 ans.

LES CHEMINS DE SAINT JACQUES DE COMPOSTELLE

Pour se rendre à Compostelle, les pèlerins de toute l'Europe sont partis sur les chemins, itinéraires spirituels autant que routes profanes, depuis le début du XIe siècle. Dans des conditions alors souvent périlleuses, ils ont emprunté entre autres les voies du Puy, d'Arles et du Piémont pyrénéen qui traversent le Languedoc-Roussillon d'aujourd'hui, jalonnées de monuments. La diversité de ce patrimoine fait aujourd'hui la richesse du Languedoc-Roussillon.

L'abbatiale de Saint-Gilles-du-Gard, l'abbaye de Gellone à Saint-Guilhem-le-Désert et le Pont du Diable à Aniane, témoins silencieux de cette aventure pérégrine sont distingués au titre du patrimoine mondial par l'Unesco.

LE CANAL DU MIDI

Qualifié par l'UNESCO comme étant "l'une des réalisations de génie civil [...] les plus extraordinaires de l'ère moderne", le Canal du Midi est le plus ancien canal d'Europe encore en fonctionnement. Construit sous le règne de Louis XIV et sous la supervision de l'ingénieur Pierre-Paul Riquet, visionnaire audacieux, le Canal du Midi permet une liaison fluviale directe entre la Méditerranée et l'Atlantique.

Plus de 300 ouvrages d'art - ponts, aqueducs, bassins - ont été nécessaires à sa construction et témoignent du génie constructif des hommes. Aujourd'hui, le Canal du Midi a retrouvé une seconde vie grâce au tourisme fluvial.

Des Cévennes à la Camargue...

À la croisée des grands axes de communication européens, l'empreinte de l'histoire est omniprésente dans le Gard. Sur les traces d'un célèbre écrivain écossais ou sur des chemins ancestraux de pèlerinage, mais toujours à la rencontre de paysages inoubliables, les sentiers du Gard témoignent d'un passé haut en couleur :
- le chemin de Stevenson GR® 70,
- le chemin de Saint-Guilhem-le-Désert GR®
- le sentier vers Saint-Jacques-de-Compostelle, voie d'Arles GR® 653,
- le chemin de Régordane GR® 700
- la Grande Traversée du Gard Mont Aigoual / Pays Cévenol GR® 6 et variantes

Gard pleine nature

Ces sentiers GR® répondent à la « *Charte Qualité des Sentiers du Gard* » liée au label « *Gard pleine nature* » qui signe l'engagement du Conseil Général et de ses partenaires dans le développement maîtrisé des activités de pleine nature, la connaissance et la préservation des espaces naturels gardois. Faites-nous part de vos remarques et préparez votre prochaine escapade sur le site de l'Agence de Développement et de Réservations Touristiques :

www.tourismegard.com onglet « *Bouger* »

LE CHEMIN DE SAINT-JACQUES-DE-COMPOSTELLE

Avec le développement du pèlerinage de Saint-Jacques, Saint-Gilles retrouve son rôle de plaque tournante des pèlerinages : il connaît un renouveau ces dernières années (fête le 29 août).
Depuis le Moyen Âge, tous les pèlerins venant d'Italie ou de Provence, passent par Arles pour aller à Compostelle par la *Via Tolosana* et font étape à Saint-Gilles. Ils renouent

ainsi avec le passé : les pèlerins allaient vénérer sur leur chemin les sanctuaires régionaux et notamment Saint-Gilles, un des lieux les plus importants de l'époque médiévale. Aujourd'hui, ils viennent de toute l'Europe : de Belgique et de Hollande par les sentiers GR® 654 et 655, d'Allemagne et de Suisse par le sentier GR® 65.

STATUE DE SAINT GILLES /
PHOTO CDT30.

Languedoc
Roussillon
Comité Régional
du Tourisme

Sud de France
Languedoc Roussillon

WWW.SUDFRANCE.COM

ABRICOTIERS EN FLEURS / PHOTO CDT30 – *BANDIDO* / PHOTO CDT30

PATRIMOINE

LE CANAL PHILIPPE LAMOUR

Aristide Dumont, ingénieur réputé au XIXᵉ siècle, eut le premier le projet d'irriguer la rive droite du Rhône à partir d'une dérivation des eaux de ce fleuve. Dès 1843, il s'indignait de « voir les eaux du fleuve se perdre inutilement dans la mer, à proximité de terres stérilisées par la sècheresse ». Mais il mourra en 1902, un an avant la naissance de Philippe Lamour, sans voir agréer son projet.

La vie de Philippe Lamour est consacrée, dès les années 1940, à la région du Languedoc-Roussillon. Il a fait siens les problèmes de monoculture de la vigne, de qualité des vins, d'irrigation.

Il imaginait possible techniquement de dévier ou pomper cette eau perdue pour irriguer les cultures. Une commission présidée par lui fut créée et deux années plus tard un projet germait. Quatorze ans après, l'eau du Rhône irriguait et redonnait vie à des milliers d'hectares et transformait la région toute entière.

Dans cette optique de modernisation, Philippe Lamour avait créé en février 1955 la Compagnie du Bas-Rhône ; l'idée de l'aménagement du territoire a émergé petit à petit de son programme régional, pour s'élargir aux dimensions de la France et même de l'Europe.

Grand randonneur, membre du Comité National des Sentiers de Grande Randonnée, il profita de ses rares temps libres pour participer activement à la création des sentiers GR® 6 et 7 et surtout du Tour du Queyras (GR® 58).

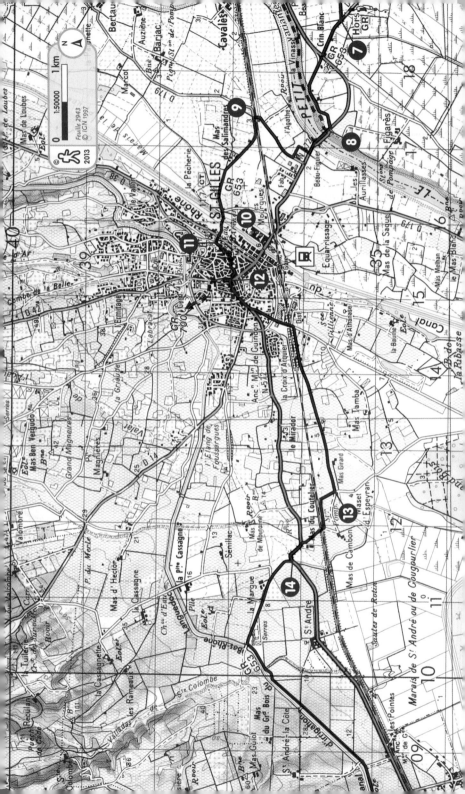

Du pont de Saint-Gilles à Saint-Gilles   `3,5 km`   `50 min` 🛏️

8 Franchir le pont et environ 100 m plus loin, descendre la butte à droite. En bas, aller à gauche pour suivre la piste le long d'un mur et rejoindre la D 179 ; l'emprunter à droite sur 500 m et franchir la voie ferrée.

9 Une piste à gauche longe la voie sur 300 m, puis s'incline vers le nord-ouest et passe devant le mas des Salimandres. Arriver dans un virage où commence la piste goudronnée.

10 Bifurquer à droite pour emprunter une passerelle amenant à un pré. Se diriger vers une autre passerelle en béton et franchir le canal du Rhône à Sète. En bas des escaliers, abandonner la piste longeant le canal et prendre à droite un chemin perpendiculaire au canal qui part vers les habitations. Franchir une troisième passerelle et suivre le chemin du Canalet, entrée de Saint-Gilles. Aller tout droit et traverser la D 38 ⚠️ **> prudence !)**. Monter en face par la ruelle vers le château d'eau (voie sans issue) et gravir les escaliers.

11 En haut, virer à gauche et continuer par la rue Marceau. Tourner à gauche, rue du château vers la place Jean-Jaurès (mairie). Poursuivre à droite du bâtiment par la rue de la Tour sur 50 m, tourner à gauche, puis à droite pour descendre la rue de l'Hôtel-de-Ville. À gauche de la Traversière de la Poissonnerie, prendre la rue de la Draparié et arriver place de la République [👁 **> l'abbatiale de Saint-Gilles**]. Dos à la basilique, descendre la rue de la Porte-des-Maréchaux, passer sous la porte médiévale et traverser la rue Gambetta (**« Office de tourisme »**).

> Jonction avec le sentier GR® 700, *Le chemin de Régordane.*

De Saint-Gilles à Beau-Bois   `9,5 km`   `2 h 25` 🛏️

À Saint-Gilles-du-Gard > 📷 🏨 🛏️ 🏕️ 🛒 🍴 ☕ ℹ️ 🚌 🚮

👁 **> Fondé au VIIIe siècle par l'ermite, Saint-Gilles fut un des grands monastères bénédictins avant de passer aux Hospitaliers puis aux Templiers. Ce qui subsiste de son église du XIIe siècle après les désastres des guerres de religion et la reconstruction du XIXe siècle en témoigne : chœur, crypte, l'escalier du clocher et surtout le prodigieux portail.**

12 Prendre la rue Emile-Jamais en direction de Vauvert. Au carrefour de Générac, continuer en direction de Vauvert sur 100 m, puis bifurquer à gauche vers le château d'Espeyran. Au croisement avec la D 38 (avenue des Costières), traverser vers la rue de la Baume (⚠️ **> prudence !)**. Juste après le pont sur la voie ferrée, tourner à droite sur le chemin du Cambon ; le suivre en ignorant toutes les intersections sur 2 km : il s'écarte un peu de la voie ferrée.

13 À **« Cambon »**, prendre à droite, rejoindre la voie ferrée et la longer à gauche avant de la traverser. Au mas du Côtelier, déboucher sur la D 6572 (ancienne N 572) ; l'emprunter à gauche (⚠️ **> prudence !)** sur 300 m.

14 Quitter la route à droite pour un chemin goudronné le long d'une rangée de cyprès. Au premier carrefour, aller en face. Dépasser le mas château Lamargue. À la bifurcation, prendre à gauche le long d'une clôture et passer devant des serres. Le chemin butte sur le canal d'irrigation du Bas-Rhône ; le longer à gauche sur 3 km par le chemin gravillonné, en restant rive sud et en ignorant les ponts et chemins annexes. Traverser la D 197 et poursuivre en face jusqu'à **« Beau-Bois »**.

15 Après les bâtiments, à hauteur d'une rangée de peupliers, emprunter le pont à droite et choisir le chemin en face qui serpente entre les vergers. Continuer tout droit pendant 1 km jusqu'à la *« Bergerie »*.

16 Aller en face sur 300 m et arriver à hauteur du *« bois de Fontieulle »*. Laisser à droite la direction de Listerne, longer une haie de cyprès et parvenir à une bifurcation. Prendre à droite le chemin qui descend fortement dans la combe Mégère. Environ 50 m après un fossé, virer à droite en laissant le chemin en face. La piste démarre entre une butte de terre et les vergers, puis s'infléchit au nord-ouest sur 1,5 km, traverse une chênaie et poursuit entre les vignes. Prolonger par une route en face et atteindre le *« Laquet de Fenestrelle »* (petite bâtisse et arbre isolé).

17 Tourner à droite au milieu des vignes et à gauche environ 200 m plus loin. Rester sur cette piste sur 1 km, puis couper une route et descendre en face dans un chemin creux. Franchir un ru très souvent à sec (Listourne) et remonter dans la pinède. En sortant de la forêt, la piste atteint une petite route (chêne solitaire) ; la suivre à gauche jusqu'à Vauvert *« le Cournier »*. Continuer en face par la rue de la Barre. Bifurquer à droite par la rue de Milan débouchant sur la place du *« Jeu-de-Ballon »*.

De Vauvert au mas des Abeilles   6 km   1 h 30

À Vauvert >

> Capitale de la Petite Camargue, contraction de « vallée verte », Vauvert est située en limite du vignoble des Costières de Nîmes et possède, sur son territoire, une immense nature sauvage. Sous le nom de « Posquières », elle était au Moyen Âge le siège de l'un des plus notables lieux de pèlerinage de France. Les pèlerins de Saint-Jacques s'y arrêtaient. L'église Notre-Dame était alors reconnue dans tout le royaume de France. Pour divertir ces nombreux pèlerins, on donnait sur le parvis du sanctuaire dédié à Notre Dame de la vallée verte (rasé en 1559), des « diableries », saynètes où apparaissaient des démons. Ces représentations étaient devenues si célèbres que l'on parlait des diables de Vauvert jusque dans les Flandres. Ainsi, l'usage se serait établi en parlant de ce lointain pèlerinage d'évoquer le « diable vauvert » qui, pour le nord de l'Europe était situé au bout du monde. L'expression est restée dans le langage courant pour évoquer quelqu'un ou quelque chose qui arrive de loin. La ville, qui a perdu lors des guerres de religion la plupart de ses monuments, a aujourd'hui le caractère typique des bourgs agricoles du siècle dernier. Le vieux centre a gardé un aspect pittoresque avec ses ruelles étroites. Dès le printemps et jusqu'aux mauvais jours, résonne le bruit des courses camarguaises dans l'arène, la tradition de la bouvine y étant très forte. De plus, aux portes de Gallician, en bordure des étangs, la faune et la flore sont ici remarquables.

18 Traverser la place vers la gauche et passer devant l'église de la *« place Gambetta »*. Descendre en face par la rue Victor-Hugo, puis longer la place du Marché. Tourner à droite rue de la République (D 56) et, 250 m plus loin, s'engager à gauche dans la rue du Moulin-d'Étienne. Longer le cimetière et franchir en face la voie ferrée, puis le canal du Bas-Rhône. Ignorer la rue Émile-Alcay à gauche et, à la bifurcation suivante, s'avancer sur le chemin du Moulin-d'Étienne à gauche.

ÉGLISE DE VAUVERT / Photo M.M.

LES COSTIÈRES

D'origine romaine, le vignoble des Costières de Nîmes est l'un des plus anciens d'Europe, il se situe à la jonction du Languedoc et de la Provence. Limités au nord par la vallée du Gardon et Nîmes, plateaux et coteaux s'étirent sur 40 km vers la plaine basse du Petit Rhône et jusqu'aux limites de la Petite Camargue.

Le plus méridional des vignobles de la vallée du Rhône, représente actuellement 12 000 hectares dont 4 500 en AOC, et est situé à l'intérieur d'un quadrilatère délimité par Sernhac, Beaucaire, Saint-Gilles, Vauvert.

Les vins des Costières de Nîmes étaient déjà connus et appréciés des Grecs puis des Romains, servis aux Papes d'Avignon, et exportés dès le XVIᵉ siècle.

À la fin du XIXᵉ siècle, le phylloxéra détruisit les vignes. Le vignoble fut replanté dans les plaines plus riches mais, si sa production y gagna en quantité, ce fut au détriment de la qualité.

Philippe Lamour a relancé cette culture en 1950 avec étude des terroirs, nouveaux encépagements, recherches œnologiques et modernisation.

Les Costières de Nîmes produisent aujourd'hui surtout du rouge et du rosé à

VIGNOBLE DES COSTIÈRES / Photo N.V.

partir du cépage Carignan puis, au choix, de Syrah, Grenache, Cinsault, Mourvèdre et autres variétés typiques du Languedoc. Les Costières du Gard ont été classés VDQS en 1950, AOC en 1986 et deviennent Costières de Nîmes en 1989.

LA SAGNE

Récolte de la fauche des roseaux dans les roselières naturelles bordant la mer notamment en Petite Camargue, la sagne se pratiquait traditionnellement à la main depuis le XIIIᵉ siècle, à l'aide d'un instrument appelé le sagnadou, sorte de grande serpe.

La coupe à la main est devenue rare avec

l'arrivée de la mécanisation et des premières machines spécialisées, bien plus rentables. La machine récolte en effet l'équivalent de 3 000 bottes par jour contre seulement 100 pour un sagneur traditionnel.

Mais cette rentabilité a un prix. Les machines détruisent progressivement le milieu naturel des roselières en arrachant une partie des roseaux, au détriment de la faune locale.

Le roseau est une matière première déficitaire au vu de l'évolution de certaines activités telle que l'écoconstruction et dans le cadre du développement durable. Il est apprécié pour ses qualités d'isolant phonique et thermique et pour sa résistance (environ 30 ans).

Lié en bottes, le roseau sert en particulier à la confection de toitures dans bien des régions de France et dans divers pays d'Europe du Nord.

BOTTES DE SAGNE / Photo CDT30.

PATRIMOINE NATUREL

LE VIDOURLE

Fleuve côtier, le Vidourle prend sa source dans les Cévennes, dans le département du Gard au-dessus de Saint-Hippolyte-du-Fort. Il se jette dans la Méditerranée, 95 kilomètres plus loin, au Grau-du-Roi. Autrefois doté d'un delta, il a vu son cours détourné durant la seconde moitié du XXe siècle par de gros travaux, notamment par la construction de la station balnéaire de La Grande Motte, au milieu des années 1960.

Insuffisamment canalisé vers la mer et ne bénéficiant plus de ses zones d'expansion naturelle, ses eaux s'écoulent avec grande difficulté en cas de fortes précipitations sur les Cévennes.

Son débit est souvent faible : en été, presque à sec, il n'est guère impressionnant ; le minimal est de 3 m³/seconde. En revanche, en cas de fortes crues, le maximal peut atteindre plus de 1 500 m³/ seconde, soit le débit de la Seine en crue !

Ces crues extrêmement dangereuses, les « vidourlades », causent régulièrement et depuis longtemps de graves dégâts dans toutes les localités situées dans son bassin. Les villes de Quissac et de Sommières furent particulièrement touchées en 1575, 1684, 1689, 1723, 1745, 1812, 1858, en 1891, le 26 septembre et le 16 octobre 1907, en 1933, en 1958 et le 9 septembre 2002 notamment, crue inédite au cours de laquelle il a atteint la côte record de 8 m 20 en amont du pont romain de Sommières, passant à travers les rambardes de l'ouvrage.

Des travaux sont effectués actuellement sur ses berges pour tenter de limiter les effets dévastateurs de ses crues.

19 Croiser la D 135 (⚠ > **prudence !**) et emprunter le chemin empierré en face vers le moulin d'Etienne. Traverser le Vistre (rivière) et continuer sur un chemin de terre. Passer entre des gros platanes et déboucher sur une route ; la suivre à gauche sur 1,3 km environ.

20 À droite, un chemin fléché « Mas Saint-Louis » file tout droit sur 1,5 km, coupant deux petites routes et rejoignant la D 104. Traverser pour suivre le chemin de terre le long de la ligne électrique. À la fin du chemin, arriver aux serres du mas des Abeilles.

De mas des Abeilles à Codognan	3 km	45 min 🚆

21 Suivre une piste de terre sur la droite. Après 500 m, croiser une petite route et aller en face jusqu'à butter sur la D 979. L'emprunter à droite sur 250 m, puis la traverser (⚠ > **prudence grande circulation !**) et prendre le chemin de terre qui part en oblique sur la gauche jusqu'à une petite route qui dessert le mas Destier. Poursuivre tout droit, passer devant une station de pompage et atteindre le canal d'irrigation Philippe-Lamour. À droite, gagner la D104. Franchir le canal et entrer dans Codognan par la route de la Camargue. S'avancer jusqu'à la N 113. Emprunter en face la rue des Mas sur 200 m.

Hors GR® > pour Vergèze `1 km` **15 min** 🏛 🛏 🛒 ✕ ☕ 🚌 🚉
Suivre la rue des Mas tout droit, puis bifurquer à droite, rue de Vergèze.

De Codognan à la D 142 (gare)	2,3 km	30 min 🚆

À Codognan > 🏛 🛏 🛒 ✕ ☕ 🚌

22 Suivre à gauche la rue de la Védière, dépasser un parcours sportif (possibilité de pique-niquer). À la sortie de Codognan, traverser la D 1 (⚠ > **prudence !**) pour prendre en face la D 842 sur 500 m (⚠ > **prudence !**). À la fin du virage à droite, s'engager sur une piste à gauche (plein ouest) et rejoindre la D 142 à un passage à niveau.

Hors GR® > pour Aigues-Vives `2 km` **30 min** 🛏 🛒 ✕ ☕ 🚉
Franchir le passage à niveau et continuer tout droit sur la D 142.

De la D 142 (gare) à Gallargues-le-Montueux	2,5 km	35 min 🚆

23 Tourner à gauche, puis bifurquer de suite à droite sur la D 363 (⚠ > **prudence !**). Après 500 m, 50 m avant un carrefour, prendre à droite un chemin de terre qui longe une vigne. Franchir une passerelle en bois et pénétrer dans la zone d'activité du Piot ; la traverser en gardant la direction. Passer sous la bretelle d'autoroute, puis longer la voie ferrée jusqu'à la D 378. Entrer dans Gallargues en empruntant à droite le pont sur la voie. Emprunter à gauche le chemin piéton sur 50 m, puis monter à droite par la rue du Chemin-Neuf jusqu'à la place des Halles. Après les halles, monter à droite par la rue de la Bonnette-Rouge [👁 > ancien hôpital Saint-Jacques] pour atteindre la place du Coudoulié (mairie).

ANCIEN HÔPITAL
SAINT-JACQUES / Photo M.M.

UN DÉPARTEMENT ESSENTIELLEMENT VITICOLE

En amphithéâtre sur le golfe du Lion, l'Hérault descend en trois paliers successifs vers la Méditerranée. Au nord, des hauteurs montagneuses forment la bordure méridionale du Massif central (monts d'Orb, Caroux, Séranne, Montagne Noire, Espinousse, Somail). En contrebas, les plateaux calcaires des Garrigues, domaine du chêne vert et des plantes aromatiques, sont prolongés par les avant-monts du Minervois et les collines biterroises.

Enfin, une bande littorale étroite, basse et sableuse, longtemps impaludée, est désormais apprivoisée. Une succession de plages bordées d'un fin cordon dunaire se prolonge par un long chapelet d'étangs salés et de lagunes.

Climat favorable, excellente exposition, grande diversité de sols et de cépages, l'ensemble du département dispose de tous les atouts pour une production viticole prospère. La multitude des vignes héraultaises contribuent à faire de la région Languedoc-Roussillon, le plus grand domaine viticole du monde. Par endroits, les vignes cèdent la place à d'autres cultures, primeurs, fruits, oliviers.

PAYSAGE DE VIGNES AU-DESSUS DE MONTPEYROUX / PHOTO C.E.

L'HÉRAULT, AU CARREFOUR DES VOIES HISTORIQUES DU LANGUEDOC-ROUSSILLON

Par sa situation géographique, le département de l'Hérault s'est imposé comme un couloir incontournable entre l'Espagne et l'Italie, à la croisée des deux vallées du Rhône et de la Garonne. Depuis le Néolithique, des voies de passage s'y sont développées dans le sens est-ouest. Dès le VIe siècle av. J.-C., des chemins muletiers ont établi la liaison nord-sud entre les hauts plateaux et les comptoirs maritimes du littoral, permettant notamment le transport de sel. Héritière d'une route créée par les Celtes au IIIe siècle av. J.-C., la *Via Domitia* ou Voie Domitienne fut réaménagée en chemin de chars par

les Romains en 118 av. J.-C. Au Moyen Âge, ce corridor draina tout naturellement vers Compostelle, les pèlerins en provenance de la France méridionale et d'Italie. En sens inverse, les populations de la péninsule Ibérique et du sud de la France utilisaient ce couloir pour se rendre à Rome, autre grand lieu de pèlerinage. De ce « chassé-croisé pérégrin», le terme de *roumieux* ou *romieux* à l'origine réservé aux marcheurs en route vers Rome, s'appliquera progressivement aux *jacquets*.

Languedoc Roussillon
Comité Régional du Tourisme

Sud de France
Languedoc Roussillon

WWW.SUNFRANCE.COM

DRAILLE DANS UNE CHÂTAIGNERAIE / PHOTO C.E.

à Gallargues-le-Montueux >

👁 > Gallargues-le-Montueux, qui s'appelait Grand-Gallargues jusqu'en 1969, compte plus de 3 000 habitants et est situé à proximité de Montpellier, de Nîmes, de la mer, et de la Camargue qui marque ses traditions, ses jeux taurins. Aux teintures de garance et au tissage lucratif des « indiennes » (carrés Hermès de l'époque) qui a fait la réputation et la fortune des Gallarguois, succède aujourd'hui une ville active qui s'impose comme site majeur d'activités de la région.

24 Descendre la rue du Portail-Martin, la rue de l'Abrivado, puis la rue F.-Guillerme à gauche. Poursuivre par la rue H.-Aubanel. Traverser la D 12 (⚠ > **prudence !**) et aller en face, rue Folco-de-Baroncelli, puis à droite, rue des Stades jusqu'aux Amandiers. Longer le camping et filer entre les vignes pour gagner la digue du Vidourle et le moulin de Vendran. Emprunter à droite le chemin goudronné, dépasser Patenbrieu et butter sur l'autoroute. Passer à gauche de la digue sous le pont autoroutier et atteindre le moulin du Liquis par un chemin de terre.

25 Au croisement, obliquer à gauche sur 100 m, puis à droite vers le moulin de Carrière. Le chemin de terre longe le Vidourle sur 1,6 km et débouche sur une route ; la suivre à gauche en empruntant le pont submersible enjambant le Vidourle et atteindre Villetelle.

à Villetelle >

26 Traverser le village par la rue principale, passer devant un calvaire et arriver à une placette. Bifurquer à droite, route de Lunel (D 110E1), puis encore à droite sur le chemin de Montpellier. À un embranchement, poursuivre à gauche sur 300 m.

27 Au calvaire, continuer sur le chemin de Montpellier qui se transforme en piste et devient alors le chemin des Capitelles [👁 > Une capitelle est une cabane construite en pierre sèche, sans mortier, servant d'abri pour les outils et les personnes. De forme circulaire ou rectangulaire, leur nom varie selon les régions : cazelle, borie, cabanon, etc.]. Atteindre une patte d'oie. Laisser une petite route à gauche, et progresser en face sur le chemin principal, en ignorant les différents départs de pistes latérales. Pénétrer dans un bois de résineux, situé dans la combe Noire. Parcourir 2 km, passer un virage à angle droit pour arriver à la D 34 ; la franchir (⚠ > **prudence !**).

28 S'avancer en face sur une petite route en direction des mas de Vallongue et Pansanel. Longer l'autoroute par le chemin de la Monnaie [👁 > voie romaine, *Via Domitia*, construite vers 120 avant J.-C. comme axe routier à travers la Gaule transalpine. « Monnaie » est une traduction inexacte de *Cami de la Mounède* signifiant chemin remis en état (du latin *munire*, réparer)]. Déboucher sur la D 110.

Hors GR® > pour Vérargues **2 km** **30 min**
Suivre la D 110 à droite.

29 Emprunter la D 110 à gauche, passer sous l'autoroute et arriver à un carrefour. Aller à droite en direction de Lunel-Viel, puis bifurquer encore à droite vers Restinclières. Faire 130 m et emprunter à gauche un chemin goudronné qui mène au mas de Foncendreuse.

10 Laisser le mas à gauche et avancer sur une piste qui longe l'autoroute et rejoint la D 171.

Hors GR® > pour Lunel-Viel `2 km` `30 min` 🏠 🏦 🛒 ✕ ☕ 🚉
Suivre la D 171 à gauche.

De la D 171 à la D 26 `9 km` `2 h 15` 🛏️

1 Tourner à droite et s'engager de suite à gauche sur une piste. Filer tout droit, couper la D 54 et oursuivre en face jusqu'à un canal d'irrigation ; le longer à droite, puis peu après, tourner à gauche pour arvenir à un carrefour de pistes.

2 Continuer en face (⚠ **> bien suivre le balisage**), passer devant la manade Rambier et arriver sur la 105. Traverser la route et retrouver la piste : elle longe l'autoroute sur 700 m, puis la franchit sous un ont. Par la gauche, traverser un gué et prolonger sur la piste. Passer sous une ligne à haute tension et ejoindre la D 106 ; la suivre à droite jusqu'à un croisement (⚠ **> prudence ! Forte circulation**).

3 Sur la gauche, se diriger vers un bosquet par un chemin de terre, passer devant un moulin et arriver u mas de Rou. Contourner le mas par la gauche. Au carrefour de pistes, aller vers un petit bois de hênes verts ; le traverser en ignorant les pistes latérales et arriver à un croisement. Continuer en face ur un chemin pierreux jusqu'à un nouveau carrefour.

4 Prendre à droite, puis peu après, tourner à gauche et suivre un chemin à travers la garrigue, en ordure d'un petit bois de résineux. Contourner un lotissement ceinturé par une clôture par la droite. asser entre des blocs de pierres et tourner à gauche, puis franchir un fossé. Longer une déchèterie et tteindre la D 26.

Hors GR® > pour Baillargues `2 km` `30 min` 🏦 🛏️ 🛒 ✕ ☕ 🚌 🚉
Suivre la route à gauche.

De la D 26 à Vendargues `1,5 km` `20 min` 🛏️

5 Faire quelques mètres sur la route à droite. Traverser et s'engager sur un petit chemin (⚠ **> bien uivre les balises**) ; il s'élargit et débouche sur une clairière. Aller à droite, puis à gauche sur une piste le ong d'un bois. Quitter la piste à hauteur d'une petite citerne en béton et emprunter un chemin empierré ui pénètre dans un bois. Au carrefour, poursuivre à droite, passer devant un élevage de chevaux et rriver à un croisement. Bifurquer à gauche et traverser la Cadoule à gué.
▸ En cas de crue, au niveau de la petite citerne, continuer la large piste à gauche qui mène à un pont t retrouver l'itinéraire à droite par la D 65.

asser un carrefour de pistes, filer tout droit jusqu'à la D 65, la franchir (⚠ **> prudence ! Forte circulation**) t entrer dans Vendargues par la rue de la Monnaie.

Hors GR® > pour la ZAC Saint-Antoine (Saint-Aunès) `1 km` `15 min` 🏦 ✕ ☕
À gauche, prendre l'avenue M.-France, puis l'avenue du 8-mai-1945.

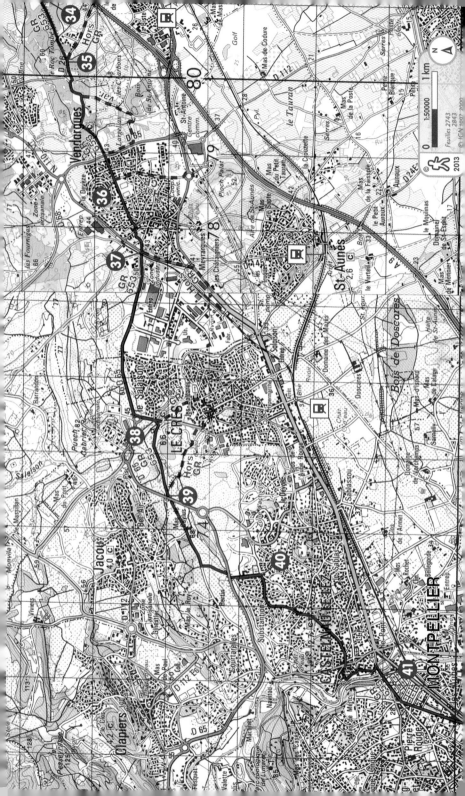

À Vendargues >

36 Traverser Vendargues par la rue de la Monnaie.
> Possibilité de prendre le bus n° 21 pour Montpellier.
Traverser la place des Ecoles-Laïques puis, au rond-point prendre la deuxième à droite, rue de la Fontaine, qui débouche sur la D 610.

Hors GR® > pour les Châtaigniers `1 km` `15 min`
Suivre la D 610 à gauche, puis la D 613 à droite.

37 Couper la route et emprunter une piste cyclable à gauche le long de la D 65 jusqu'au Crès. Arriver à un grand rond-point à proximité d'un centre commercial. Poursuivre par la piste cyclable à gauche, en direction du Crès. Passer un petit pont.

Hors GR® > pour Le Crès `1 km` `15 min`
Environ 100 m après le pont, prendre à gauche un chemin sur 500 m. Des escaliers à droite mènent à l'av. des Cévennes. Gagner le centre-ville à droite par la rue des Rêves, puis à gauche par la rue de la Renaissance [◉ > église St-Martin, la première mention d'un édifice religieux du nom de St-Martin date du 10 avril 1026. De style roman, il a subit divers aménagement notamment avec l'extension de la nef en 1969. Elle est ornée d'un tableau d'un peintre anonyme représentant la scène bien connue où saint Martin, soldat, partage son manteau avec un mendiant]. Poursuivre rue de la Monnaie, puis à droite, rue des Aiguerelles et continuer av. de la Tramontane pour gagner la D 112E8. S'engager en face sur le sentier sous les pins. Poursuivre par la piste au-dessus du lac. Avant le virage à droite, passer le talus à gauche et descendre à droite par une sente pour rejoindre l'itinéraire principal.

Du pont sur le Salaison à Castelnau-le-Lez `3 km` `45 min`

38 Traverser la route et continuer par la piste. Franchir un pont radier, puis s'engager à droite sur un chemin menant à un parking. Suivre la petite route, aller à droite et arriver près du lac [◉ > ancienne carrière exploitée de 1968 à 1993, dont l'eau provient de fissures du système karstique]. Continuer sur la route, passer sous un pont et plus loin, couper la voie du tramway.
> À droite, possibilité d'atteindre la station Jacou (5 min) pour Montpellier (ligne 2).

39 Se diriger en face, dépasser le mas Paoletti et arriver à l'entrée d'un lotissement. Tourner à gauche sur une piste et atteindre une route. Monter à gauche, passer sous un pont et continuer tout droit par la rue des Églantiers jusqu'au cimetière de Castelnau-le-Lez.

De Castelnau-le-Lez à Montpellier (Corum) `4,5 km` `1 h 30`

À Castelnau-le-Lez >

40 Au croisement, prendre à droite le chemin du Romarin, puis celui du Thym et arriver place du Four-à-Chaux. Aller tout droit, chemin de l'Éclair, puis rue J.-Ferry. Passer devant l'hôtel de ville et rejoindre l'église par une rue en sens interdit. Contourner l'église par la droite et prendre à gauche la rue C.-Pelletan. Descendre de suite à droite des escaliers qui mènent sur les bords du Lez. À gauche, longer le cours, suivre à droite la rue du Prado, puis monter à droite vers la ligne du tramway. Poursuivre à droite par une piste cyclable pour traverser le Lez.

MONTPELLIER, ÉTAPE HISTORIQUE DES JACQUETS

FRONTON D'UN HÔTEL PARTICULIER, DANS MONTPELLIER /
BALISAGE AU SOL DANS LE CENTRE DE MONTPELLIER / PHOTOS C.E.

À Montpellier, un circuit pédestre jalonné de clous de bronze au sol, retrace en partie l'itinéraire emprunté par les pèlerins au Moyen Âge. Quittant la *Via Domitia*, les jacquets entraient dans la ville par la porte du Pilat Saint-Gély ou porte de Saint-Gilles et empruntaient la rue de la Vieille-Aiguillerie, aujourd'hui bordée d'hôtels du XVIIᵉ siècle, où l'on peut voir un oratoire de Saint-Jacques. Après avoir dépassé une statue de saint Roch, on atteint la place Notre-Dame dont l'église a repris le nom de l'ancienne Notre-Dame-des-Tables et recèle un tableau de saint Roch. Une fois traversée la place de Compostelle, on accède à la place Jean-Jaurès où l'on pourra visiter la crypte de l'église Notre-Dame-des-Tables aujourd'hui disparue, où les pèlerins vénéraient une Vierge noire. Subsistent également des caveaux servant de salle d'exposition. Plus loin, le sanctuaire Saint-Roch accueille les pèlerins. Après les halles Castellane, l'itinéraire passe à proximité de la cathédrale Saint-Pierre. Ancienne chapelle du monastère bénédictin de Saint-Benoît, cette cathédrale gothique fondée en 1364, s'ouvre sur un porche monumental flamboyant, dominé par deux hautes tours de 1630. L'édifice fut restauré au XVIIᵉ, puis au XIXᵉ siècle. Le parcours s'achève à la porte du Peyrou. Les jacquets qui partaient pour Saint-Guilhem quittaient la ville par le faubourg du Courreau, tandis que ceux qui se dirigeaient vers Toulouse traversaient le faubourg de la Saunerie.

SAINT ROCH, LE PÈLERIN À LA COQUILLE

Selon la tradition, saint Roch serait né à Montpellier (au n° 19 de l'actuelle rue de la Loge) au XIVᵉ siècle. À 20 ans, il part en pèlerinage pour Rome. À Aigues-Mortes, il découvre une ville contaminée par la peste et s'offre à soigner les malades. Poursuivant jusqu'à Rome, il continue à assister les pestiférés et finit par contracter le mal. De retour dans son pays, il se retire dans la forêt, chassé de tous. On raconte qu'il ne devra sa survie qu'à un chien venu d'une propriété voisine, s'étant attaché au jeune homme et lui apportant chaque jour un morceau de pain. Plus tard, en 1414, les évêques se réunissent en conclave à Constance pour tenter d'enrayer une nouvelle épidémie de peste. Ils mènent une procession à travers la ville en l'honneur de saint Roch et par la suite, celui-ci sera invoqué contre les épidémies. C'est ainsi que l'on trouve désormais saint Roch fréquemment représenté en jacquet, avec chapeau, bourdon, besace et coquilles. En outre, il est accompagné d'un chien et montre sur sa cuisse le bubon de la peste. Un pèlerinage lui est dédié le 16 août à Montpellier.

VITRAIL DANS L'ÉGLISE SAINT-ROCH / SAINT ROCH / PHOTOS C.E.

PÈLERINAGE

PÈLERINS ITALIENS SUR LA VOIE D'ARLES

Le 16 avril 1670, Domenico Laffi, prêtre italien de Bologne, entreprend pour la deuxième fois un pèlerinage à Compostelle, en compagnie d'un ami. Une fois en France, il prend la route de Briançon, Carpentras, Avignon, Nîmes, avant de rejoindre la voie d'Arles. Averti par son premier voyage, Laffi évoque les dangers du pèlerinage, parlant des Basques et des Navarrais comme « *de vrais bandits […] qui vous cassent la tête à coups de bâton, allant jusqu'à vous tuer* ». L'Italien croise également des « *chiens d'hérétiques* » se moquant ouvertement des pèlerins. Sur les monts Oca en Espagne, il se perd avec son compagnon, se nourrit de champignons, et passe la nuit dans une cabane assiégée par les loups. Tout ceci ne l'empêchera pas de repartir une troisième fois en 1673.

Un peu plus tard, vers 1743, un autre Italien Nicola Albani suit également une partie de la route d'Arles. À proximité de Montpellier, il se voit convié à déjeuner par deux soldats espagnols. Peu après, ceux-ci s'emparent de sa bourse ainsi que de ses vêtements. Sauvé in extremis par l'arrivée d'un courrier à cheval, notre infortuné pèlerin se retrouve au bord du chemin avec seulement sa chemise, son caleçon, sa perruque à moitié arrachée et son crucifix. Par chance, il a pu conserver ses certificats l'autorisant à voyager. Dans son récit détaillé, il rapporte comment il se trouvera contraint de mendier dans les rues de Saint-Thibéry et Narbonne, victime des moqueries incessantes des gamins de la localité. Au total, il accomplira 2 078 milles depuis Naples.

41 À hauteur du cimetière Saint-Lazare, traverser la voie de tramway, puis la route et longer le mur d'enceinte du cimetière. Passer devant l'entrée principale et continuer avenue Saint-Lazare pour rejoindre la route de Nîmes ; la suivre à droite jusqu'au Corum de Montpellier, par une piste cyclable.

> Possibilité de prendre le tramway pour la station Euromédecine (direction Mosson-ligne 1)

De Montpellier (Corum) à la station de tram Euromédecine   8,5 km   2 h 15

À Montpellier >

👁 > Au Moyen Âge, la ville est un centre important de commerce grâce à sa situation sur trois voies (*Domitia*, Soie et Compostelle), ainsi que de savoir médical par son école de médecine, la plus ancienne d'Occident. Son jardin des plantes a été créé en 1593. Capitale du Languedoc sous Louis XIV, ses luxueux hôtels particuliers témoignent de la richesse de la ville au XVIIᵉ siècle.

42 Passer entre le Corum et les stations de tramway, puis monter une petite rampe pour pénétrer dans le jardin archéologique. Franchir l'ancienne porte [**👁** > entrée de la cité au temps de la « commune clôture », ainsi étaient nommés les remparts au XIIIᵉ siècle]. Atteindre la rue du Pila-Saint-Gely. Monter, poursuivre par la rue de la Vieille-Aiguillerie et atteindre la place Notre-Dame. Continuer tout droit, rue du Collège, rue de la Monnaie, puis rue J.-Cœur. Remonter à droite par la rue de la Loge et redescendre à gauche la rue St-Guilhem.

> Possibilité de gagner l'église Saint-Roch (à 200 m) : prendre à gauche, rue de l'Ancien-Courrier, à droite, rue des Sœurs-Noires puis, rue St-Paul.

43 Poursuivre, rue St-Guilhem. Au bout, tourner à droite bd Ledru-Rollin jusqu'à la promenade du Peyrou ; la traverser, contourner le château d'eau par les escaliers et atteindre le pied de l'aqueduc aérien. Traverser le parking en suivant l'aqueduc.

👁 > La place Royale, dite promenade du Peyrou, point haut de la ville (statue de Louis XIV), fut construite au XVIIIᵉ siècle. À l'extrémité ouest, se trouve le château d'eau, aboutissement de l'aqueduc de Saint-Clément qui ravitaillait la ville en eau. Cet aqueduc long de 14 km amenait l'eau de la source du Lez. Sa partie aérienne, surnommée « les Arceaux » est longue de plus d'1 km.

44 Continuer bd des Arceaux jusqu'au square Bir-Hakeim. À gauche, traverser le square en direction du château d'eau. Sortir et aller à droite avenue de Lodève, continuer jusqu'à la rue de Clémentville.

45 S'engager sur le chemin aménagé de l'aqueduc de Saint-Clément. Suivre cet itinéraire sur plusieurs kilomètres, en passant devant la clinique Clémentville (**⚠** > **bien suivre le balisage au niveau du parking**). Couper plusieurs avenues et atteindre l'entrée du domaine du conseil général de l'Hérault.

46 Monter les escaliers, traverser le domaine et rejoindre à droite l'entrée principale. Sortir et franchir la passerelle au-dessus de l'avenue des Moulins. Aller à droite et longer l'avenue par un chemin piétonnier. Peu après, à gauche, retrouver le chemin de l'aqueduc ; l'emprunter et traverser une petite pinède. Au sortir, s'avancer à gauche sur la piste cyclable en bordure de la ligne de tramway. Contourner un rond-point par la gauche et arriver à la station « Euromédecine ».

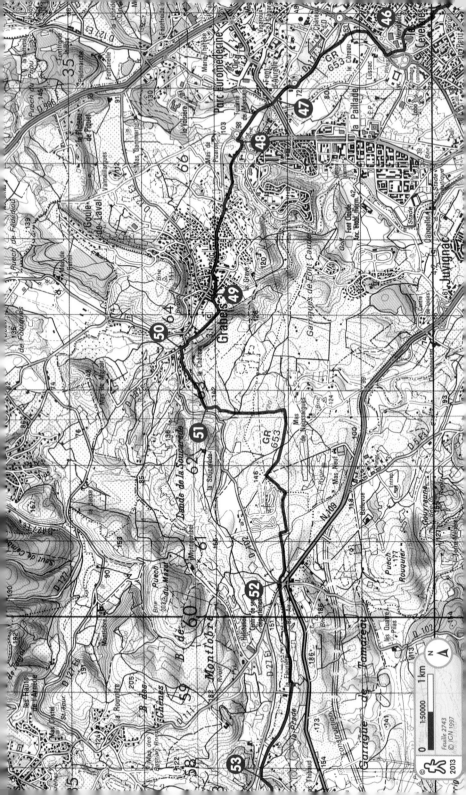

47 Traverser l'avenue de Gimel et suivre en face la direction de Grabels par une piste cyclable [👁 > borne d'interprétation sur la Tuilerie de Massane (XVIIᵉ siècle), lieu lié à l'écrivain surréaliste Joseph Delteil (1894-1978)].

> Possibilité de prendre le bus n°24 après la Tuilerie de Massane pour Grabels.

Contourner un rond-point par la gauche et passer devant le centre technique municipal.

48 S'engager sur la route à travers la pinède. Franchir une barrière et descendre par l'ancien chemin de Montpellier. Après une seconde barrière, la rue descend à travers des lotissements et rejoint la D 127 ; l'emprunter à gauche sur 500 m environ, puis pénétrer dans le vieux village à gauche, rue du Calvaire. Filer tout droit jusqu'à la mairie et la place Paul-Chassary, en face de l'église [👁 > point d'eau près du jalon « Saint-Jacques-de-Compostelle 1 556 km » et point infos pèlerins au jardin du presbytère : tampon crédencial].

De Grabels à Bel-Air   **6 km**   1 h 30

À Grabels > 🏛 🛏 🍷 ✕ ☕ 🚌 🛍

👁 > Le territoire de Grabels est habité depuis la préhistoire. La ville s'est développée autour du vieux village fortifié, en partie détruit lors des guerres de Religions en 1622. Elle possède une curieuse église à deux clochers et des vestiges de remparts (tour de l'Horloge).

Saint Jacques
de Compostelle
à 1 556 km

GR
653

PHOTO V.G.

49 S'avancer rue du Presbytère, puis longer les anciens remparts jusqu'à la place de la Fontaine. Emprunter à gauche la rue de la Rivière, s'orienter à gauche et franchir la Mosson sur un pont bétonné (⚠ > **la rivière de faible débit connaît de fortes crues saisonnières : prudence !**). Longer la rive à droite et passer près de la source « vauclusienne » de l'Avy [👁 > cette résurgence est l'antre d'un dragon qui, selon la légende, sort pour punir les enfants désobéissants]. Traverser le ruisseau sur une passerelle. Aller tout droit en ignorant les départs de chemins à gauche. Arriver à la route, la longer à gauche sur 100 m.

50 Monter à gauche vers las Coustierrassas. Bifurquer à gauche, rue des Bruyères. Au bout, monter par le sentier caillouteux à travers la garrigue jusqu'à un petit col entre les rochers, 50 m avant la route.

51 Grimper à gauche entre les pins jusqu'au plateau. Emprunter un coupe-feu à droite sur 100 m, puis tourner à gauche sur un sentier entre des chênes kermès. Couper une piste, aller tout droit en longeant à droite un dépôt de gravas. Poursuivre sur une piste plus large, passer deux fois sous une ligne à haute tension et rester sur le chemin principal. Passer en bas d'une piste de karting. Le chemin s'élève (ignorer les départs latéraux), s'oriente à droite, puis à gauche pour atteindre Bel-Air en suivant une ligne électrique.

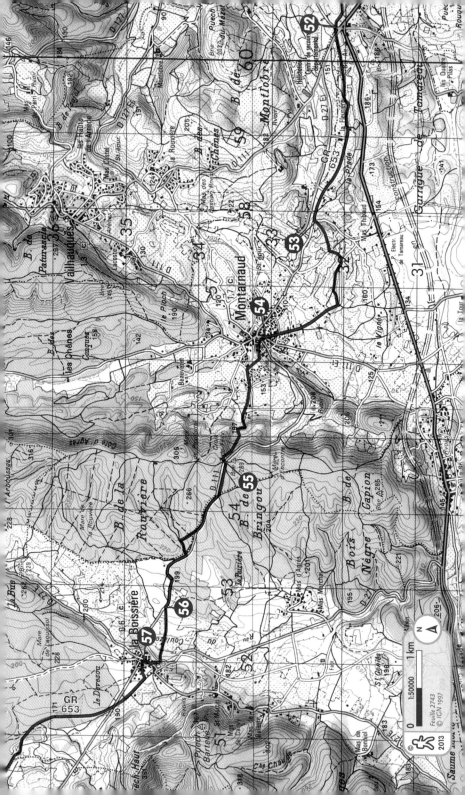

De Bel-Air à Montarnaud   5,5 km   1 h 30

52 Au carrefour de Bel Air, traverser les D 102 et D 111, puis continuer en face par un chemin entre vignes et garrigue [◉ > la garrigue est une formation végétale basse sur sol calcaire, typique des régions méditerranéennes, et résultant d'une dégradation de la forêt primitive par incendie ou surpâturage]. Laisser un transformateur à gauche et suivre une ligne électrique. À un carrefour de pistes, aller tout droit jusqu'à un grand virage à gauche, qui mène au centre équestre de la Fleurière ; traverser le domaine. Au croisement de routes, garder la direction et atteindre un virage en épingle : virer à gauche.

53 S'engager de suite à droite sur un chemin de terre qui monte dans la garrigue. Après 500 m, arriver à un croisement de pistes. Poursuivre en face jusqu'à une vigne. Tourner alors à gauche et déboucher sur une route, à hauteur du domaine Notre-Dame. Suivre la route à droite sur quelques mètres, puis bifurquer sur une piste à droite. Après 600 m environ, retrouver la route. Par la droite rejoindre l'entrée de Montarnaud. Poursuivre rue du Stade, puis rue de l'Aire et aboutir en face de la mairie.

De Montarnaud à La Boissière   5,5 km   1 h 30

À Montarnaud > 🏠 🛏 🛒 ✕ 🍷 🚌

◉ > Village castral du xiie siècle, Montarnaud possède un château, datant pour l'essentiel du xvie siècle. La chapelle castrale Notre-Dame-du-Fort (xiie – xiiie siècles) possède une belle abside voûtée en cul-de-four.

54 Contourner la mairie par la droite, rue du Barry, puis passer devant l'église et prendre rue de l'Horloge. Descendre la rue Montante et, aux dernières marches, emprunter à gauche la Grand'Rue. Franchir une passerelle, poursuivre devant les terrains de tennis, puis des écoles, et arriver à un parking. Traverser la petite place et aller à gauche par le chemin de la Roque-et-Petrou. Au bout, un sentier raviné grimpe à travers bois à la croix de Pélisse (bien suivre le balisage) [◉ > la croix dite aussi de Saint-Félix fut détruite à la Révolution, ses pierres servirent alors à construire un abreuvoir ; mais les chevaux qui burent l'eau moururent. Le curé fit donc reconstruire la croix. Celle que l'on voit aujourd'hui est une restitution].

55 Traverser la D 111 et s'engager en face sur un sentier parallèle à la route qui, après environ 500 m, la retrouve ; la suivre à gauche sur 600 m. Poursuivre à droite par un sentier qui pénètre dans le bois de la Rouvière sur quelques centaines de mètres. Reprendre la D 111 à droite jusqu'à un petit col.

56 Quitter la route à gauche pour descendre par un ancien chemin jusqu'à l'entrée de La Boissière. Passer devant le monument aux Morts et l'école. Légèrement sur la droite, s'avancer vers le centre du village (fontaine, point d'eau). Arriver à une petite place.

Fleur de la garrigue,
le ciste cotonneux / Photo C.E.

À La Boissière > 🛒 🍺

👁 > L'église paroissiale Saint-Martin d'origine romane, remaniée aux XVIIe – XIXe siècles, a été récemment restaurée.

57 Tourner à gauche et descendre par une petite rue avant de traverser la D 27. Rejoindre une voie goudronnée, puis un chemin. Cheminer à droite sur cette ancienne voie ferrée [👁 > la ligne reliait Montpellier à Rabieux près de Lodève ; construite à la fin du XIXe siècle et exploitée par la Compagnie des chemins de fer d'intérêt local, elle fut fermée en 1968]. Retraverser la D 27 et poursuivre en face. Passer à proximité d'une étendue d'eau sur la gauche [👁 > ancienne mine de bauxite exploitée jusqu'en 1965, elle faisait vivre plusieurs dizaines de salariés]. Passer sous un pont et, peu après, atteindre une bifurcation.

58 Aller à gauche en laissant l'ancienne voie de chemin de fer. Rester sur la piste et atteindre un carrefour.

59 Monter à droite, puis obliquer à gauche pour rejoindre la D 27 ; la traverser (⚠ > **prudence**), s'engager en face sur un chemin goudronnée et virer de suite à droite : progresser ainsi à travers les vignes en ignorant une voie à droite, puis une à gauche. Traverser la D 27E2, emprunter le chemin de Jougarel, puis la rue J.-Casteran à droite, jusqu'à la chapelle des Pénitents.

D'**Aniane à Saint-Guilhem-le-Désert** `8,5 km` `2 h 15`

À Aniane > 🏠 🛏 🍺 🛒 🍴 📷 🚌

👁 > Aniane : un des rares exemples complet d'architecture monastique d'ancien régime.

60 Passer sous un porche, aller à droite, puis de suite à gauche rue Porte-Saint-Guilhem. Prolonger en face par la D 32 pour sortir d'Aniane. Arriver à un carrefour : bifurquer à droite, en direction de Puechabon sur 150 m.

61 Quitter la route à gauche, puis emprunter rapidement sur la droite un chemin goudronné, à travers les vignes. Poursuivre à gauche, franchir le canal de Gignac, obliquer à gauche et atteindre la D 27E1. Continuer en face sur un chemin de terre pour rejoindre un croisement.

62 S'engager à gauche par une piste (jalonnée par des bornes vertes), franchir à nouveau le canal et arriver sur le site du pont du Diable [👁 > édifice du premier art roman languedocien, ce pont fut construit au début du XIe siècle (1025-1031) par les monastères d'Aniane et de Gellone. La légende veut que le diable

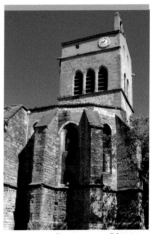

CHAPELLE DES PÉNITENTS
BLANCS D'ANIANE / PHOTO C.E.

cessa de défaire la nuit ce qui était construit le jour en échange de l'âme de la première créature qui franchirait le pont : ce fut un chien. De rage, le diable se jeta du pont].

Hors GR® > pour Saint-Jean-de-Fos `1 km` `15 min` 🛏 🛒 🍴 🍺 🚌

Utiliser le chemin piétonnier pour traverser l'Hérault sur le pont-vieux. Rejoindre la D 4 et l'emprunter à gauche.

DU MONT AIGOUAL JUSQU'À LA MÉDITERRANÉE

LE PONT DU DIABLE / Photo C.E.

plusieurs espèces animales et végétales endémiques, tel le pin de Salzman aux formes surprenantes, survivant de la forêt primaire méditerranéenne. La haute vallée se termine en canyon étroit juste après Saint-Guilhem, où le pont du Diable traverse le fleuve à son point le plus resserré.

Un peu plus bas, la spectaculaire grotte de Clamouse offre son réseau karstique sur deux étages dont on visite le niveau supérieur. L'écoulement des eaux chargées de minéraux a façonné d'étonnantes concrétions fines multicolores. Puis l'Hérault débouche dans la vallée pour y serpenter en larges méandres qui viennent irriguer la plaine alluviale, gigantesque oasis accueillant plantations d'oliviers, de pêchers et vignes en terrasses, émaillées de grandes taches claires que forment bancs de galets et gravières.

Juste avant Saint-Guilhem, les eaux vertes de l'Hérault descendues du mont Aigoual, bouillonnent au creux de marmites de géants, au pied de vertigineuses parois minérales. Entre fraîcheur de la rivière et douceur méridionale, le massif de Saint-Guilhem héberge

SAINT-GUILHEM-LE-DÉSERT, UN SITE GRANDIOSE

Au cœur du val de Gellone, enserré par les falaises abruptes et sauvages du cirque de l'Infernet, se dresse le sanctuaire de Saint-Guilhem-le-Désert et son remarquable chevet de calcaire doré. C'est en 804 que Guillaume, duc d'Aquitaine et cousin de Charlemagne décida, après une vie passée à guerroyer, d'y fonder un monastère bénédictin. Après une période florissante fondée sur le prestige des reliques de saint Guilhem et de la Vraie Croix, le site subira au fil du temps des dégradations irréversibles. L'église abbatiale reste néanmoins un extraordinaire témoignage du premier art roman

SAINT-GUILHEM / Photo D.L.

méridional. La façade occidentale et son élégant clocher-porche, s'ouvre sur un étroit vaisseau à quatre travées voûtées en plein cintre, qui s'achève sur l'abside coiffée d'une immense

L'ABBAYE DE SAINT-GUILHEM / PHOTO C.E.

RUELLE DANS SAINT-GUILHEM / PHOTO D.L.

voûte en cul-de-four. Au pied de l'abbaye, le petit village s'étire sur les rives du Verdus, avec ses vieilles ruelles ponctuées de hautes maisons aux arcs cintrés et baies géminées caractéristiques du style roman. Dominant le village, le château du Géant dresse fièrement ses derniers pans de murs remontant aux XIe et XIIe siècles.

En aval de Saint-Guilhem, le pont du Diable fut construit au début XIe siècle par les abbayes de Gellone et d'Aniane pour faciliter le passage des pèlerins. Les alentours égrènent un riche patrimoine religieux : les ermitages de Notre-Dame-du-Lieu-Plaisant et Notre-Dame-de-Belle-Grâce à Saint-Guilhem, la chapelle Saint-Fulcran à Saint-Saturnin-de-Lucian, les églises Saint-Jean et Saint-Geniès-de-Litenis à Saint Jean-de-Fos, Saint-Pierre-aux-Liens à Puéchabon, Saint-Martin et Saint-Etienne à Montpeyroux, Saint-Laurent à Arboras…

PATRIMOINE BÂTI

ANIANE, SITE D'UNE ANCIENNE ABBAYE

Aujourd'hui bourgade agricole, Aniane fut au Moyen Âge une petite cité très importante, car dotée d'une abbaye fondée au VIIIe siècle par Wittiza, un wisigoth converti devenu par la suite saint Benoît.

Du monastère d'origine, il ne reste rien. À partir de 1679, fut reconstruite l'église Saint-Sauveur dont la façade est caractéristique de l'époque Louis XIV.

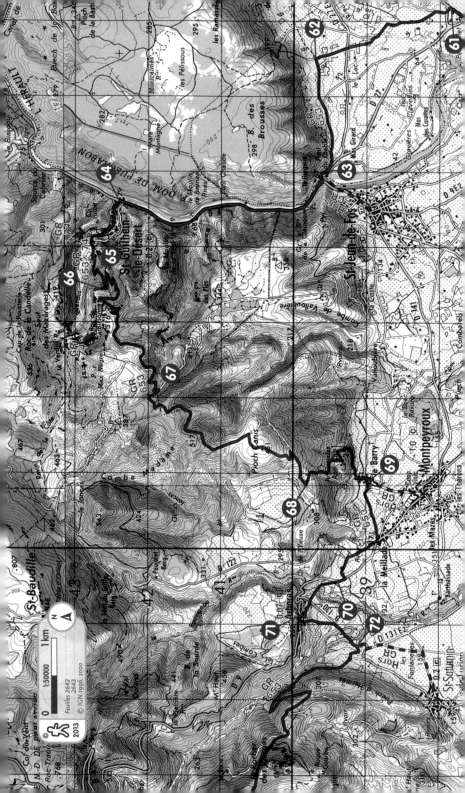

63 À droite, par la route, franchir l'Hérault sur le pont. S'engager de suite à droite sur la D 4 (⚠ > **prudence ! route très fréquentée**) en direction de Saint-Guilhem-le-Désert. Plus loin, en contrebas de la route, un sentier aménagé en bordure de l'Hérault rejoint l'entrée du village.

De Saint-Guilhem-le-Désert au Barry | 6 km | 3 h

À Saint-Guilhem-le-Désert > 📷 🏛 🛏 🛒 🍴 ☕ ℹ 🚌 ✂

👁 > Saint-Guilhem : église abbatiale de style art roman. Dominé par le château du Géant (XIᵉ siècle).

64 De l'office de tourisme, s'engager rue Font-du-Portal et monter dans le village. Rester sur la droite, puis emprunter à gauche la traverse de la place (passage couvert), qui descend jusqu'à la place de la Liberté devant l'abbaye. Quitter la place par la rue du Bout-du-Monde.
> Jonction avec le sentier GR® 74.

65 Continuer le long du Verdus. À gauche, franchir le ruisseau sur un ponceau submersible. Passer une barrière ; le chemin s'élève vers le roc de la Bissonne à travers une forêt de pins de Salzmann [👁 > sous-espèce méditerranéenne du pin noir, se trouvant en de rares endroits du Languedoc et des Pyrénées].
> Séparation avec le sentier GR® 74.

66 Au pied de la falaise, ignorer le chemin qui mène aux Fenestrettes et grimper à gauche. En fin de montée [👁 > **cairn remarquable**], laisser le sentier à droite menant au point de vue Max-Nègre et continuer tout droit. Plus loin, franchir une barrière et rejoindre une piste.

67 Descendre à gauche jusqu'à une intersection. Monter à droite, passer une barrière et rester sur la piste principale. À droite, monter au sommet du Pioch Canis [👁 > **panorama sur la plaine de l'Hérault,** Aniane et Gignac]. Descendre, continuer à droite sur la piste jusqu'à un enclos néolithique (mur bâti en pierres sèches).

68 Après l'enclos, quitter la piste et descendre à gauche à l'entrée du Castellas (⚠ > **accès interdit, risque d'éboulements**) [👁 > hameau disparu cité dès la fin du Xᵉ siècle ; le château et le village, abandonnés aux XVIᵉ et XVIIᵉ siècles, ont complètement disparu en surface]. Poursuivre la descente à gauche jusqu'au Barry par un chemin de croix. Traverser le hameau [👁 > constitué au XIIᵉ siècle, il était doté d'un hôpital].

Hors GR® > pour Montpeyroux | 1 km | 15 min | 🛏 🛒 🍴 ☕ 🚌
Tout droit, franchir un pont et accéder au centre du village.

Du Barry à Arboras | 3,5 km | 1 h

69 Juste avant l'église Saint-Martin, prendre à droite une petite rue. Dépasser le cimetière, franchir un gué et rejoindre la Meillade. Faire quelques mètres sur la D 9 à droite et prolonger en face par le sentier ombragé de la Ribautière. Continuer à travers les vignes, puis tourner à gauche pour retrouver la route à hauteur d'une croix ; la suivre à droite sur 150 m.

70 Descendre à gauche par une piste. Franchir le Rouvignous sur un pont [👁 > **fut longtemps le seul accès au village d'Arboras en venant de Montpeyroux**], remonter, couper une route et accéder à Arboras (point d'eau).

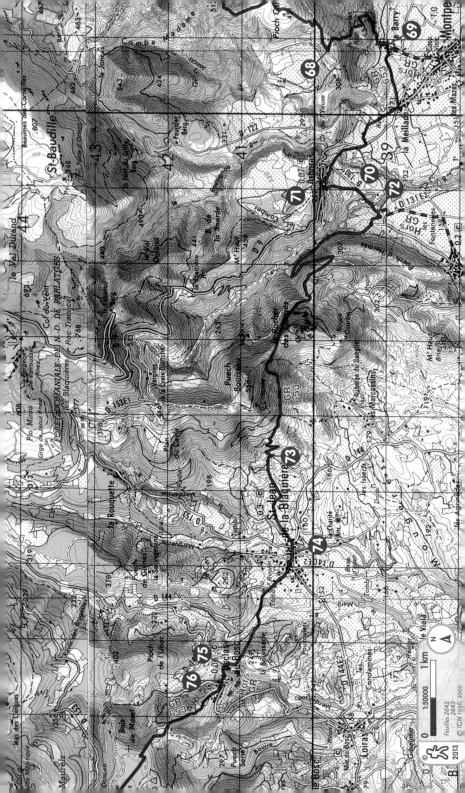

D'Arboras à une piste — 1 km — 15 min

À Arboras > ✕

71 Se diriger à gauche sur quelques mètres par la D 9. Descendre à gauche, rue du Moulin-à-Huile et rejoindre la D 130. S'avancer à droite sur 100 m, puis emprunter une sente à droite et retrouver la route en contrebas. Dépasser un pont d'environ 150 m et arriver à hauteur d'une piste.

Hors GR® > pour Saint-Saturnin-de-Lucian — 2 km — 30 min — ✕

Continuer sur la route, virer à gauche sur la D 132 E2 sur 200 m. Se diriger à droite à travers les vignes. Au calvaire, aller à droite jusqu'au village.

D'une piste à Saint-Jean-de-la-Blaquière — 8 km — 2 h

72 S'engager sur piste et rester sur la voie principale, puis monter dans le sous-bois. Après trois épingles, quitter la piste dans un virage pour grimper à droite par un coupe-feu. Atteindre une petite route [◉ > point de vue sur la plaine viticole, les contreforts du Larzac, et à gauche le Roc des Deux-Vierges]. Continuer en face jusqu'au parking. Ignorer une piste à droite, monter vers le Rocher, laisser une piste à gauche et atteindre un virage.

> Possibilité de gagner le sommet du Roc des Deux-Vierges (1 km 20 min balisage jaune) : poursuivre à gauche par la piste ; gravir le raidillon à droite, puis rester sur la piste de gauche et gagner une aire de pique-nique ; au fond à droite, suivre un sentier et atteindre la plateforme sommitale [◉ > point de vue imprenable sur les alentours et les Pyrénées par temps clair].

Monter à droite par un sentier, parvenir à un col puis, redescendre en sous-bois (⚠ > **bien suivre le balisage**). Le sentier s'élargit et rejoint une large piste au niveau de tables de pique-nique. Aller à gauche. Plus loin, couper la piste à gauche par un sentier et atteindre un carrefour en Y.

73 Tourner à droite et peu après, aller à gauche en bordure d'une friche. Descendre à gauche dans un bosquet, franchir un ruisseau par un passage aménagé et poursuivre sur une plateforme rocheuse. Continuer et atteindre une piste. Descendre jusqu'à la déchetterie ; la contourner à gauche par un sentier bordé d'un haut mur. Plus loin, poursuivre à droite sur quelques mètres, puis à gauche entre de vieilles vignes et descendre vers le village par un ancien chemin à travers des strates de rochers. À la route, franchir un pont à droite et rejoindre le centre du village.

De Saint-Jean-de-la-Blaquière au Merdanson — 2 km — 30 min

À Saint-Jean-de-la-Blaquière > ▢ ▭ ▱ ✕ ▭

74 Tourner à droite et poursuivre route de Saint-Privat. Dans un virage, quitter la route et descendre en face par une piste goudronnée. Plus loin, s'engager à gauche sur un petit sentier et traverser le ruisseau du Maro par un passage aménagé (⚠ > **prudence en cas de fortes crues**). Couper une piste et monter en face par un sentier en sous-bois jusqu'à un col [◉ > calvaire, point de vue sur le village d'Usclas]. Traverser une autre piste et descendre en face par un sentier. Franchir à gué le ruisseau du Merdanson.

Hors GR® > pour les Paros — 750 m — 10 min — ▢

Prendre un chemin à gauche le long du ruisseau. À la bifurcation, monter tout droit jusqu'aux premières villas.

Du Merdanson à la jonction avec les GR® 7 et 71 — 5,5 km — 1 h 20

75 Remonter jusqu'au village Usclas-du-bosc [◉ > église dédiée à saint Gilles ; le cimetière possédait de nombreuses stèles discoïdales (xve siècle), dont on a conservé sur place des moulages, les originaux sont déposés au musée de Lodève].

76 Passer sous le porche de l'ancien château [ > propriété privée ; le château, reconstruit au XVIIᵉ siècle pour la famille de Romieu, porte comme emblème une coquille de pèlerin], puis devant le cimetière. Sortir du village par la rue de la Vierge [👁 > croix de Malte 1692], et monter par une large piste. Par un raidillon, pénétrer dans une forêt de pins et ignorer : une piste à gauche. Au prochain carrefour, tourner à gauche, puis de suite à droite sur une piste rectiligne.

> Possibilité de voir le dolmen de la Bruyère (grande table en deux tronçons avec une petite sépulture latérale) sur le plateau, à droite.

77 Juste avant la route, s'engager à gauche sur un petit sentier, puis une piste conduisant au prieuré de Grandmont [👁 > construit sur un site occupé dès la préhistoire (dolmens), le sanctuaire de Saint-Michel-de-Sauclières (Xᵉ siècle), appartient à l'ordre de Grandmont qui établit au XIIᵉ siècle un prieuré].

78 En bas du parking, franchir une barrière et descendre par une large piste, bordée d'un muret. Au premier virage, s'engager en face sur un sentier. Ignorer plusieurs départs de sentes (⚠ **> bien suivre le balisage**) et franchir un gué. Sur la gauche, le sentier au milieu des bruyères rejoint une grande dalle de grès en surplomb (⚠ **> glissante en cas de fortes pluies**). Au bout, monter à droite et progresser au milieu des chênes verts. Après un ruisseau, passer sous une propriété privée (⚠ **> attention chevaux**) et atteindre la Serre de la Prade.

De la jonction avec les sentiers GR® 7 et 71 à Lodève	5,5 km	1 h 20

79 Partir à gauche. Au carrefour de pistes, continuer en face et passer sous une grande mare. Aller en face et avant le panneau d'entrée de Soumont [👁 > église Saint-Baudille ; avec Saint-Privat et Usclas, Soumont produisit de grandes quantités de meules à aiguiser, taillées dans le grès], monter à droite par une sente en direction d'un réservoir ; le contourner par la gauche (⚠ **> bien suivre le balisage**) et rejoindre une piste. À gauche, gagner une table d'orientation [👁 > panorama à l'est sur le mont Saint-Baudille, au sud sur le lac du Salagou et à l'ouest sur le massif de l'Escandorgue]. Juste après le calvaire, ignorer le sentier de crête et descendre à droite en sous-bois jusqu'à la D 153E3 ; la suivre à droite et ignorer peu après la route du Mas d'Alary.

SOUMONT / PHOTO F.B.

80 Bifurquer à gauche vers les Fignols. Au niveau d'une antenne relais [👁 > point de vue en enfilade sur le pas de l'Escalette], continuer en face par la route, puis par une large piste empierrée. Rejoindre la D 53E5 et l'emprunter à droite sur 50 m.

81 Quitter la route à gauche et continuer en face par un petit sentier qui descend en sous-bois de chênes. Passer au-dessus de l'A 75 et arriver à Lodève par la place du Soleil.

SAINT-MICHEL DE GRANDMONT, UN PRIEURÉ PRÉSERVÉ

Cette abbaye fut construite à la fin du XIIe siècle par l'ordre limousin de Grandmont. Au milieu de la forêt, le prieuré accueillait une « celle », composée d'un petit groupe de moines menant une vie ascétique, accueillant pauvres et pèlerins. C'est là l'unique monastère grandmontais subsistant dans son intégralité. Typique des édifices de cet ordre, en bel appareil de grès, l'église offre une nef dénudée en berceau légèrement brisé. Au chevet, l'abside voûtée en cul-de-four est abondamment éclairée par trois fenêtres hautes. Au XIVe

siècle, une chapelle gothique vouée à saint Michel fut édifiée contre le mur nord de l'église, ancien lieu de pèlerinage. La salle capitulaire réunie au cellier, offre un vaste espace voûté sur croisée d'ogives. Entouré des dortoirs, cellier et réfectoire, le cloître du XIIIe siècle est de proportion modeste. Voûtées de croisées d'ogive, les galeries sont rythmées d'arcs géminés en plein cintre, reposant alternativement sur des piles à base rectangulaire et de courtes colonnettes doubles.

CLOÎTRE DE SAINT-MICHEL DE GRANDMONT / PHOTO C.E.

LODÈVE, UN DESTIN LIÉ À SAINT FULCRAN

Ancienne colonie romaine, Lodève prend une place prépondérante au Xe siècle avec l'avènement de son évêque Fulcran, dont on raconte qu'il aurait été pèlerin de Saint-Jacques. Le prélat ceinture la ville de remparts, s'établit dans le château et frappe monnaie. Un ancien hôpital aujourd'hui disparu, gardait quelques lits pour les pèlerins de passage. Il fut reconstruit

VITRAIL REPRÉSENTANT SAINT FULCRAN / PHOTO C.E.

en 1537 et pourvu par la suite d'une chapelle dédiée à saint Jacques. Par la suite, Lodève connaîtra diverses périodes mouvementées, s'illustrant successivement dans la lutte contre les cathares, puis les protestants. Au XVIIIe siècle, le cardinal de Fleury fait la prospérité de la ville, en lui conférant le monopole de la fourniture de drap pour l'habillement des armées royales.

De style gothique méridional, la cathédrale Saint-Fulcran fut reconstruite sur les vestiges d'un édifice préroman contemporain de l'évêque Fulcran. Elle en a conservé l'abside à neuf pans, les deux travées du chœur, ainsi que la crypte wisigothe à trois nefs. Fortement endommagé au cours des guerres de religion, l'édifice dut être en grande partie reconstruit à l'identique, à l'exception de son emblématique tour-clocher épargnée. Le sculpteur Paul Dardé, originaire de la région, obtint le Prix national à Paris en 1920 pour deux de ses œuvres. Malgré sa notoriété, il préférera rester à Lodève, loin des mondanités, et tombera dans l'oubli. L'ancienne halle de 1819 abrite aujourd'hui ses œuvres : le Christ aux outrages, l'Homme préhistorique et une cheminée monumentale.

LA CATHÉDRALE SAINT-FULCRAN / PHOTO F.B.
ENTRÉE DE L'HÔTEL DE VILLE DE LODÈVE / PHOTO C.E.

PÈLERINAGE

LES ORDRES HOSPITALIERS

Le château d'Usclas-du-Bosc, dit *Château des Hospitaliers*, serait à l'origine, une hôtellerie fondée par les chevaliers de Malte. La coquille et la gourde sculptées sur la porte monumentale laissent à penser qu'ici furent peut-être accueillis des pèlerins parmi les voyageurs de passage. Si le fait n'est pas certifié, nombreux furent les ordres religieux qui se consacrèrent à l'accueil des pèlerins de passage. À commencer par l'ordre de Cluny qui fondera quelque 2 000 couvents dont un vaste réseau jalonnant les voies jacquaires, le pèlerinage dans le nord de l'Espagne s'avérant un formidable fer de lance pour la *Reconquista* ou reconquête des territoires chrétiens sur l'envahisseur musulman. En 1170, des chevaliers laïcs et des chanoines décident de fonder un ordre militaire qui deviendra par la suite, l'ordre de Saint-Jacques-de-l'Epée Rouge ou ordre de Santiago. Cet ordre défenseur portant l'habit blanc frappé de l'épée rouge, offrait l'hospitalité aux voyageurs et pèlerins, et prenait part à la lutte armée pour la *Reconquista*.

STÈLES DISCOÏDALES DANS LE VILLAGE D'USCLAS-DU-BOSC / PHOTO C.E.

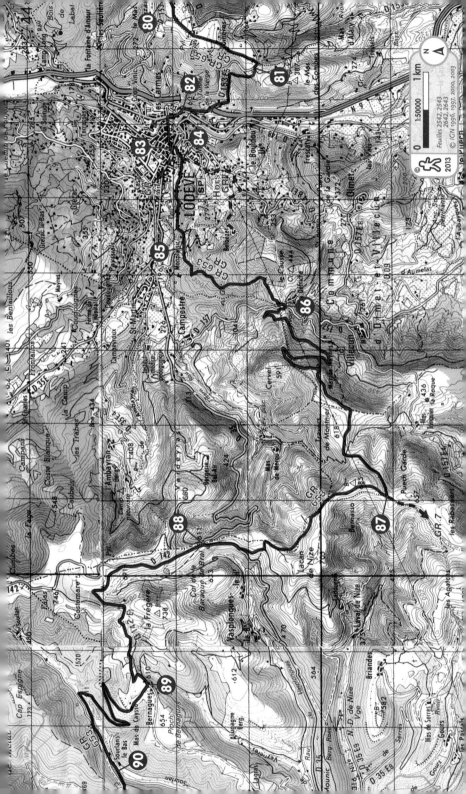

De **Lodève au chemin des Tines** `1 km` `15 min` ▭

À Lodève >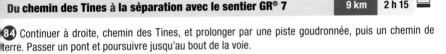

👁 > De son passé textile, la ville garde une manufacture de tapis de haute lisse (la Savonnerie), unique annexe de la Manufacture Nationale de Tapis. Elle a développé une activité artisanale autour des métiers d'art, et culturelle avec le musée Fleury qui accueille des expositions de niveau international.

82 Poursuivre en face par la D 609 jusqu'au pont sur la Lergue ; l'emprunter et s'engager en face dans la rue piétonne de Lergue. Couper la rue Neuve-des-Marches, continuer par la Grand'Rue jusqu'au croisement avec la rue de la République ; la suivre à gauche.
> Séparation avec le sentier GR® 71.

83 Traverser la rue et, en face, franchir la passerelle sur le ruisseau de la Soulondres. Aller à droite, quai de la Mégisserie, puis laisser à droite le pont de Montifort [👁 > pont roman à arche unique en ogive construit au XIVᵉ pour accéder au quartier de Tines où se trouvaient les cuves des tanneurs, les bains et le moulin du chapitre. Il fut très emprunté par les pèlerins de Saint-Jacques].

Hors GR® > pour Belbezet `2 km` `30 min` | ▭
Monter à gauche par des escaliers, continuer à droite et rejoindre la D 148E1 ; la suivre à droite, puis bifurquer à droite et rester sur le chemin principal.

Du **chemin des Tines à la séparation avec le sentier GR® 7** `9 km` `2 h 15` ▭

84 Continuer à droite, chemin des Tines, et prolonger par une piste goudronnée, puis un chemin de terre. Passer un pont et poursuivre jusqu'au bout de la voie.

85 S'avancer en contrebas de la dernière maison et pénétrer dans la végétation. Le sentier bordé de vieux murs grimpe régulièrement pour arriver en bordure d'une piste forestière. Monter en face sous la pinède, ignorer un départ de sentier à gauche et continuer dans la bruyère haute. Atteindre une piste, descendre, puis remonter jusqu'à la D 157 ; l'emprunter à gauche sur 200 m jusqu'au col de la Défriche (aire de pique-nique).

86 Monter à droite par la piste. Elle chemine en lacets, passe à proximité d'un pylône et atteint plus loin une bifurcation.

De **la séparation avec le GR® 7 à Bernagues** `7,5 km` `2 h` ▭

87 Monter à droite par un chemin herbeux, passer sous une ligne électrique [👁 > point de vue sur Lodève et le lac du Salagou : retenue d'eau sur la Lergue construite dans les années soixante comme réserve d'eau et pour réguler les crues de l'Hérault ; les terres rouges qui l'entourent sont des ruffes (argiles sédimentaires et oxydes de fer du Permien)] et atteindre une bifurcation après un petit col. Descendre à droite pour rejoindre la D 35 ; par la droite, gagner le col de la Baraque de Bral [👁 > ici, on pouvait changer les chevaux des attelages après la montée de Lunas ou de Lodève].

88 Monter à gauche par la route de l'Escandorgue (D 142). Après environ 1 km, bifurquer à gauche sur une petite route (D 142E1) qui franchit un vallon [👁 > point de vue sur le massif de l'Espinouse et à gauche sur le parc d'éoliennes de Dio-et-Valquières] et rejoint Bernagues.

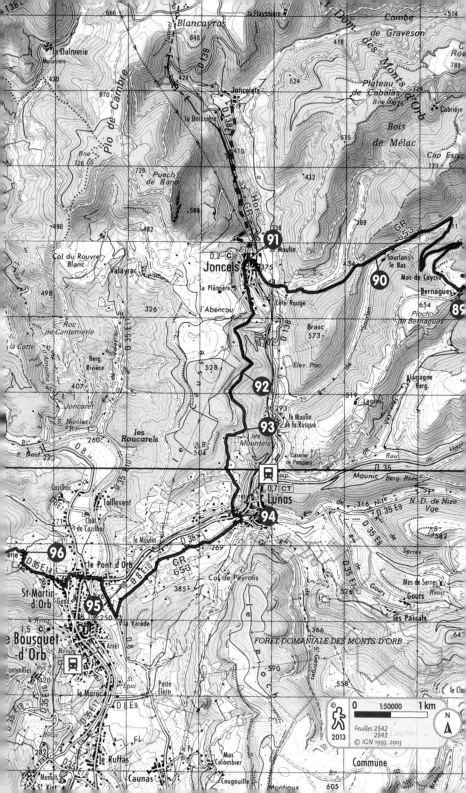

De Bernagues à Joncels   6 km · 1 h 30 ▨

89 À l'entrée du hameau, un chemin entre les buis à droite passe au pied des ruines du mas de Caysso, puis une piste en lacets descend et franchit un vallon boisé et le Sourlan sur un pont bétonné. Rejoindre une petite route. Descendre à gauche jusqu'à la ferme de Sourlan-le-Bas.

90 À droite, monter par un ancien sentier entre les buis jusqu'au col de Roube. Ignorer les pistes pour descendre à gauche par un sentier sous les pins. Terminer la descente par une piste à gauche et franchir le Mélac (passerelle). Monter en face par un chemin, en direction de Joncels. Plus loin, laisser la piste et grimper par un sentier caladé qui mène aux premières maisons du village. Franchir le passage à niveau, et entrer dans Joncels vers la droite. Par la rue de l'Aiguillerie (fontaine, eau potable), rejoindre la route de Lunas.

Hors GR® > pour Joncelets 2 km · 30 min | 🖼 ⛺
Emprunter la D 138 à droite, puis la D 138E1.

De Joncels à Lunas   4,5 km · 1 h 15 ▨

À Joncels > 🖼 🛏 🛒 ℹ 🚌

91 Partir à droite et monter de suite à gauche. Avant le calvaire, s'engager à gauche dans une ruelle et rejoindre le cloitre. Retrouver la route et se diriger à droite. Dans l'épingle, une piste à gauche descend à travers une forêt de chênes et de châtaigniers. Ignorer une piste à gauche, passer un virage.

92 Quitter la piste à gauche par un sentier qui pénètre et serpente dans une châtaigneraie. Rejoindre une piste ; la suivre à gauche jusqu'à une bifurcation au col de Mountels (habitation).

93 S'avancer sur la droite et, au carrefour suivant, continuer en face par une piste sur environ 100 m. Descendre à droite par un vieux sentier caladé jusqu'à une petite route. À gauche, passer sous la voie ferrée, puis se diriger à gauche sur la D 35 sur 100 m vers le centre de Lunas.

De Lunas à Saint-Martin-d'Orb   3,2 km · 50 min ▨

À Lunas > 🏛 🛒 🍴 ☕ ℹ 🚌 🚉

👁 > La ville, habitée dès le Néolithique, est située au confluent de 3 vallées et possède 8 ponts dont le magnifique Pont Vieux restauré en 1995. Dans l'église Saint-Pancracc datée du XIIᵉ siècle, on peut voir un fragment de frise lombarde, un retable à colonnes torses du XVIIᵉ et un tableau représentant le martyre du saint.

94 Franchir à droite le Gravezon sur un pont. Aller de suite à droite sur le chemin de Reigardi. Passer devant la base de loisirs et emprunter la D 8 E10 sur 2 km. Virer à droite vers Le Pont-d'Or, passer sous la voie ferrée. À la D 35, franchir à gauche l'Orb et atteindre un carrefour.

JONCELS, UN VILLAGE AUTOUR DE SON ABBAYE MÉDIÉVALE

Village médiéval cerné de remparts, Joncels s'est développé autour de l'abbaye bénédictine de Saint-Pierre-aux-Liens, dont l'existence remonte au VIIe siècle. Au Xe siècle, saint Fulcran évêque de Lodève, prend sous sa protection le monastère qui connaît alors une grande prospérité. Au XIVe siècle, le prieuré est rattaché à l'abbaye Saint-Victor de Marseille. Dans l'abbatiale fortifiée, la nef unique est rythmée de piliers romans menant à un autel-cippe christianisé. Le retable doré est du XVIe siècle, tandis qu'une châsse en bois

DANS LE VILLAGE DE JONCELS / PHOTO R.C.

doré abrite les reliques de saint Benoît. Contre le mur nord de l'église, le cloître ne conserve qu'une partie de salle capitulaire et une porte romane. En fait, il fut transformé en place publique à la Révolution, une enfilade de colonnes et d'arcs restés en l'état. Sur les autres côtés de la place, on retrouve le dessin des arcades romanes sur certaines façades. Aujourd'hui encore, Joncels déborde à peine de son enceinte médiévale et s'offre à la visite au fil de ses venelles étroites surmontées de pittoresques portiques.

LES MONTS D'ORB, SUR LA LIGNE DE PARTAGE DES EAUX

CERF / PHOTO N.V.

aussi sous l'emprise d'ambiances tour à tour montagnardes ou littorales, les monts d'Orb dont l'altitude s'étage entre 200 et 1 100 mètres, ont un caractère boisé très marqué avec des paysages forestiers contrastés. Sur les versants sud, le chêne vert s'impose avec le chêne pubescent, ailleurs des plantations d'épicéas, de sapins, de douglas peuvent être accompagnées de hêtraies. Généralement, des forêts de châtaigniers assurent la transition, offrant d'étonnantes bandes colorées au milieu des masses sombres de chênes verts et résineux. Plus bas, le maquis

À la croisée des influences climatiques atlantiques et méditerranéennes, mais

méditerranéen se partage entre chênes verts, chênes kermès, buissons et bois. L'olivier côtoie le pin d'Alep, le chêne truffier ou l'arbousier, dont les fruits font le bonheur des sangliers. On trouve également des landes à éricacées, à bruyères ou à genêts purgatifs. La flore de l'Hérault est l'une des plus riches, avec par exemple, l'une des plus belles fleurs de l'Hexagone, la pivoine officinale, espèce protégée. Les pelouses portent une quarantaine d'espèces d'orchidées. Au nord des monts d'Orb, on trouvera la campanule remarquable, la colchique d'automne, le narcisse des poètes, la fritillaire des Pyrénées. La zone forestière abrite une grande faune, notamment une population importante de cerfs et chevreuils. On y rencontre aussi (de

nuit !) le renard, la fouine, et rarement, la genette. Les ruisseaux hébergent une population d'écrevisses à pieds blancs, espèce indigène en régression en France.

ORCHIS BOUFFON / NARCISSE DES POÈTES / PHOTOS N.V.

PATRIMOINE BÂTI

VILLAGES DES HAUTS CANTONS

Aux confins du département de l'Hérault, les massifs du Caroux, de l'Espinouse et du Somail, aux physionomies très différentes, abritent des villages au riche passé. Saint-Gervais-sur-Mare fut de tout temps une étape commerciale entre le « pays bas » et la « montagne ». Son activité s'articulait autour du châtaignier, des filatures et des mines. À proximité du quartier médiéval du Pioch, se trouve l'église d'origine romane Saint-Gervais et Saint-Protais qui renferme un curieux retable en rocaille du XVIIIe. On peut également voir, dans la chapelle des Pénitents Blancs, le retable en bois doré. Le village possède, en outre, de belles maisons du XVIIe.

Plus à l'ouest, le Somail, avec ses forêts de hêtre, ses tourbières, ses lacs et ses rivières jalonnées de magnifiques ponts en pierre (les planques), sert d'écrin à La Salvetat-sur-Agout. Le village, aux maisons à toits d'ardoise s'enroulant autour de l'église, est érigé sur un éperon rocheux ceint par la rivière. Un peu en dehors du village se trouvent le remarquable pont Saint-Étienne-de-Cavall du XIIe, et la chapelle romane du même nom, abritant une Vierge Noire, qui servait de halte aux pèlerins. L'activité du village est centrée sur le tourisme de pleine nature et l'exploitation de la source d'eau minérale.

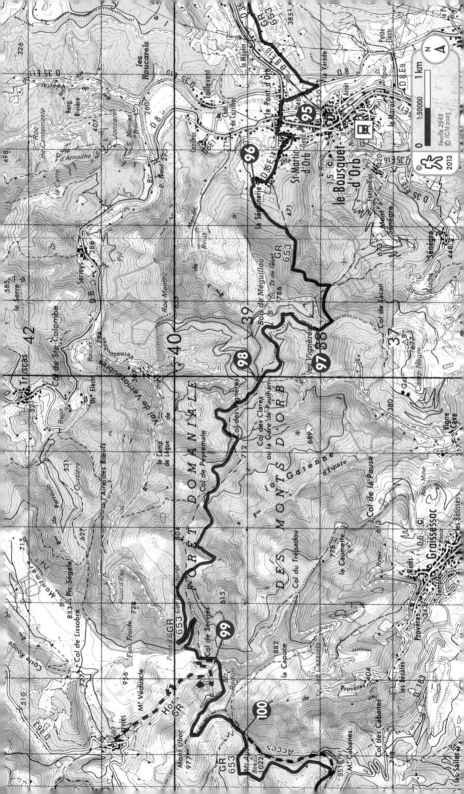

De Saint-Martin-d'Orb à la Séguinerie `1 km` `15 min` ▭

▌ Saint-Martin-d'Orb > 🏠 🛏 🛒 🍴 ☕ 🚌 🎒

👁 **>** Le village a été marqué par l'industrie minière et verrière. Le charbon servit à alimenter la ▪errerie, fermée dans les années cinquante.

25 Monter en face, puis à gauche à la première intersection. Sur la droite, gravir une rampe bétonnée, ▪ue du Méguillou et accéder au vieux village. À droite, monter les escaliers, rue Eugène-Barthès jusqu'à ▪'église de Saint-Martin. Contourner l'église et descendre pour remonter en face, rue de la Saute. ▪tteindre une bifurcation et, à droite, rejoindre le hameau de la Séguinerie.

De la Séguinerie au col des Clares `6 km` `1 h 45` ▭

▌ la Séguinerie > 🛏

26 Emprunter à gauche un chemin à travers des murets de pierres sèches qui serpente à travers ▪ne châtaigneraie et débouche au col des Sourds. À droite, le sentier ombragé grimpe en lacets ⚠ **> forte montée)** dans une forêt de chênes verts et de châtaigniers. L'itinéraire contourne la combe ▪u ruisseau de Roufiac [👁 **>** point de vue sur la vallée de l'Orb], pénètre dans une forêt de pins ▪ylvestres, puis s'adoucit pour atteindre une large piste forestière dominée par une tour de guet au ▪ommet du Méguillou.

27 Descendre à gauche [👁 **>** point de vue sur les Monts d'Orb, les anciens terrils au-dessus des ▪illages de Graissessac et Camplong, au loin le massif de l'Espinouse ; l'exploitation industrielle du ▪harbon débute au milieu du XVIIIᵉ pour cesser en 1992, entraînant la désertification de la région]. ▪asser à la jasse de Courtes (abri sommaire), puis gagner le col des Clares ou la gare de Paulhan, sous ▪es pins *(aire de pique-nique)* [👁 **>** d'après les habitants, l'appellation « gare de Paulhan » viendrait ▪u fait que de nombreux chemins se croisent au col, de même que la gare de Paulhan était autrefois ▪n nœud ferroviaire].

Du col des Clares au col de Serviès `6,5 km` `2 h` ▭

28 Monter en face par la piste serpentant dans une forêt de ▪aplns . passer ainsi au col des Vignères, au col de Peyremale 👁 **>** point de vue sur la vallée de l'Espaze], puis atteindre ▪e col du Liourel. Aller tout droit, passer une barrière et suivre ▪a piste forestière dans la hêtraie [👁 **>** point de vue sur le ▪assif de l'Aigoual, le plateau de l'Escandorgue, le mont ▪aint-Baudille, Sète et la mer]. Au prochain croisement, ▪escendre à gauche jusqu'au col de Serviès.

Hors GR® > pour le relais départemental de Serviès `3 km` `30 min` | 🏠
Descendre par la piste à droite jusqu'au village.

AU COL DE SERVIÈS / Photo F.B.

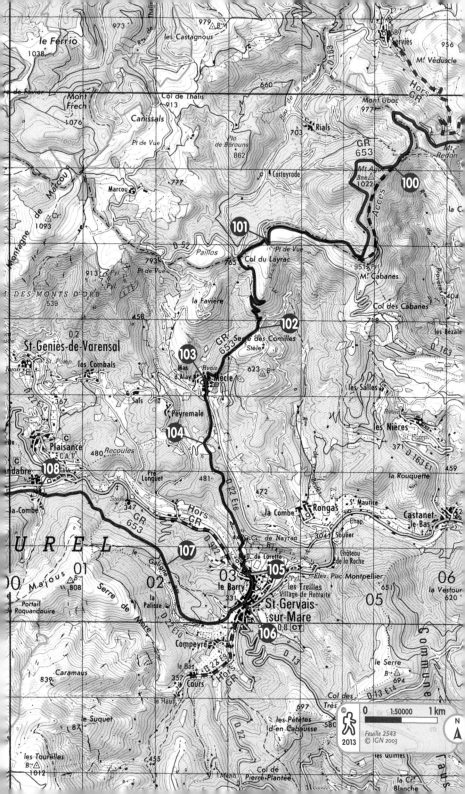

Du col de Serviès à Mècle   `8 km`   2 h 15 ▭

99 En face, franchir deux barrières et entrer dans la forêt domaniale du Haut-Dourdou. La piste atteint la jonction à gauche avec le PR® du Devois.

> Possibilité de gagner la table d'orientation du mont Cabanes (balisage jaune) : suivre la ligne de crête à gauche. À la table, descendre à droite et retrouver l'itinéraire.

100 Contourner par le nord le mont Agut, puis prendre la première piste à gauche qui descend en pente douce dans une hêtraie. Après avoir contourné un mamelon par la droite, atteindre le col de la Font. Descendre à droite par la D 163 sur 200 m.

101 Un chemin herbeux à gauche dévale jusqu'au col de Layrac. Descendre à gauche par la piste DFCI en lacets qui gagne le col de la Fontasse (citerne).

102 À droite, un sentier ombragé descend à Mècle. En bas, tourner à gauche et longer le mur du cimetière, puis à droite par une rampe cimentée, atteindre le hameau.

De Mècle à Saint-Gervais-sur-Mare   `3 km`   1 h ▭

À Mècle > ▣ 🍴

103 Descendre *(eau potable)* face à l'église, tourner à gauche pour quitter le hameau. Après le pont sur le Narbounis, monter par la piste en face. Au virage en épingle, pénétrer en face dans la forêt par un chemin bordé d'un mur. Rejoindre ainsi le petit col de las Couchas.

104 S'orienter à gauche, puis de suite à droite sur un sentier bordé de buis, entre deux champs. Pénétrer dans un sous-bois : le vieux sentier chemine à flanc de colline jusqu'à un col. Partir à gauche sur la crête et, peu avant les ruines du castrum de Nayran (⚠ **> danger : accès interdit**), descendre à droite. Rejoindre un chemin caladé (empierré) et atteindre les premières maisons de Saint-Gervais [◉ > **vue sur le castrum de Nayran**]. Traverser le ruisseau de la Mare [◉ > **à droite, la chapelle de Notre-Dame-de-Lorette**]. S'engager à gauche dans une ruelle, puis traverser la D 922.

> **Hors GR® > pour le Clocher de Nayran** `1,5 km`   20 min △ ✕
> À droite, suivre la D 922.

De Saint-Gervais-sur-Mare à Castanet-le-Haut   `8 km`   2 h ▭

À Saint-Gervais-sur-Mare > ▣ 🛏 🍴 ✕ ☕ ℹ

105 Monter à droite, rue du Docteur-Pauzier, continuer rue de Castres et passer devant la place du monument aux Morts.

> **Hors GR® > pour Cours** `1,5 km`   20 min ▣
> À gauche, traverser le pont, tourner à droite, puis suivre la rue de Villeneuve [◉ > **chapelle Saint-Barthélemy**]. Au pont, prendre le sentier à droite, puis suivre la route à droite.

106 Continuer rue du Quai. Monter à droite par un chemin cimenté. À la bifurcation, aller à gauche entre de hauts murs. Traverser une zone ouverte, puis monter par un sentier sous de hauts pins et rejoindre une piste. Tout droit, pénétrer dans la châtaigneraie par un sentier bordé de murs. Monter par l'ancien chemin et plus haut atteindre une piste ; l'emprunter à gauche sur 200 m.

107 S'engager à droite par un sentier, dépasser une zone dégagée et rejoindre une petite route. Descendre à droite, franchir un pont et passer devant un espace réservé aux randonneurs à Andabre.

108 Avant le pont, prendre à gauche l'ancien chemin d'Andabre à Castanet longeant la Mare. Garder la direction par une piste, passer deux gués en pierres sèches et poursuivre dans les châtaigniers.
> Possibilité de grimper jusqu'à la chapelle Saint-Eutrope (1 h) par un sentier à gauche.

109 Continuer, puis filer tout droit par une petite route [> site wisigothique] menant à Castanet-le-Haut. Franchir la Mare (point d'eau).

De **Castanet-le-Haut** au col de Ginestet — 6,3 km — 1 h 45

À Castanet-le-Haut >

110 Tourner à gauche, puis passer sous deux porches et monter des escaliers. À la sortie du village, suivre la route, puis la piste qui débouche sur une large piste DFCI. Continuer à droite jusqu'à la prochaine intersection (citerne).

111 Quitter la piste et prendre un sentier en face. Franchir un vieux pont (P > prudence) et monter : plus haut, le sentier retrouve la piste DFCI. Poursuivre la montée à droite pour passer devant l'ancienne maison forestière de Sayret.

112 Traverser deux prairies et, à l'embranchement, monter à gauche jusqu'à la ferme de Prat de Sèbe. Par la route, rejoindre le col de Ginestet (alt. 889 m).
> Intersection avec le sentier GR® 71.

Par GR® 71 > pour Fagairolles — 2 km — 30 min
À droite, descendre par un sentier. À la Salesse, un chemin à gauche conduit à la D 922. Continuer en face.

Du col de Ginestet à la D 622 — 7,5 km — 1 h 45

113 Descendre en face par la petite route qui conduit à Ginestet, puis au Devès (colonie de vacances Cap Aventure).

114 Pénétrer dans la forêt par une piste forestière. Peu après, dans un virage à gauche bien marqué, descendre à droite par un sentier.

Paysage des monts d'Orb /
Photo F.B.

LE PARC NATUREL RÉGIONAL DU HAUT-LANGUEDOC

Situé à la pointe sud du Massif central, en zone de moyenne montagne, le Parc naturel régional du Haut-Languedoc bénéficie d'une situation géographique privilégiée : ces « montagnes du Sud » sont situées à la rencontre de l'influence climatique méditerranéenne et de l'influence océanique. Cette spécificité se traduit par une diversité biologique et paysagère importante. C'est un vaste château d'eau, traversé par la ligne de partage des eaux Atlantique et Méditerranéenne, alimentant le canal du Midi et les plaines midi-pyrénéennes et languedociennes. La forêt occupe plus des deux tiers du territoire. Une exceptionnelle richesse géologique constitue un élément fondamental de l'identité du Haut-Languedoc : granit du Sidobre, marbre de Saint-Pons-de-Thomières, schiste de la Montagne noire ou encore calcaire du Minervois façonnent les paysages. Plus de 2 500 espèces faunistiques et floristiques (hors invertébrés et plantes inférieures) sont inventoriées dans le Parc, parmi lesquelles une grande diversité de rapaces. Le Parc (www.parc-haut-languedoc.fr) est un corridor écologique, un réservoir de biodiversité et un site d'accueil ou de repos pour les espèces migratrices ou hivernantes.

SUR LES HAUTES TERRES TARNAISES / PHOTO L.F.

EN CHEMIN VERS SAINT-JACQUES-DE-COMPOSTELLE

Deux des quatre grands chemins de Compostelle traversent le Tarn : l'un au nord, est une variante de la voie du Puy, l'autre au sud, est la voie d'Arles. La présence de reliques, de saints guérisseurs, de fontaines miraculeuses déviaient les pèlerins des grands axes traditionnels qui menaient à Saint-Jacques. Le Tarn se situe au carrefour de ces multiples ramifications. Le chemin suivait tantôt la rive gauche (on l'appelait le *Cami Ferrat* et il passait par Lescure, Albi, Montans), tantôt la rive droite (alternativement appelé *Cami Toulze* ou *Cami des Aobergnas* – des Auvergnats –). Au sud, le chemin ou la voie d'Arles se divisait également en deux : une route franchissait les hauteurs par Murat et suivait les gorges de l'Agout jusqu'à Castres ; une autre suivait la vallée du Thoré. Le pèlerinage généra aussi la création d'une douzaine d'hôpitaux qui cessèrent pour la plupart leur activité au XVIIIe siècle. Ceux d'Albi, de Gaillac et de Castres, à l'initiative du clergé local, furent transformés en relais hospitaliers modernes.

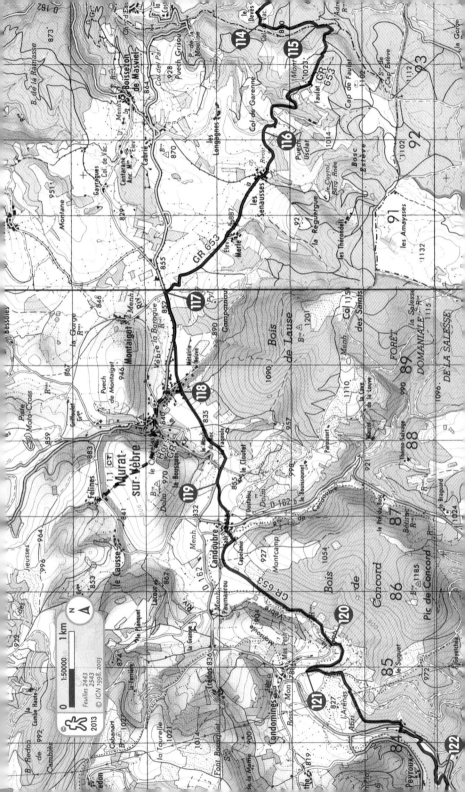

115 Franchir par une passerelle le ruisseau du Dourdou (limite départementale avec le Tarn) et monter dans le bois par un sentier en lacets. Arrivé à un carrefour au sud du mont Froid, prendre en face un sentier dans une cavée. Traverser un ruisselet et continuer tout droit entre les murets de pierres. Passer au dessus de la maison de Faulat puis traverser le ruisseau de Nissoulière. Déboucher ainsi sur le chemin du Pradel ; l'emprunter à droite jusqu'au col de Garenne.

116 Par la route à gauche, rejoindre les Senausses. Prendre à gauche face au calvaire et continuer sur la route qui dessert plusieurs bergeries [👁 > brebis de Lacaune qui fournissent le lait du Roquefort]. Arriver sur la D 622.

De la D 622 à la rue Delauze (Murat-sur-Vèbre) | 1,5 km | 20 min 🚌

117 S'avancer à gauche sur 750 m, puis quitter la départementale pour un chemin à gauche. Couper la route de Ségous et gagner la rue Delauze à Murat-sur-Vèbre (841m).

Hors GR® > pour Félines | 2,5 km | 30 min 🚌 | 🏠
Suivre le sentier PR des Tourelles via Murat-sur-Vèbre, par la rue Delauze à droite.

De la rue Delauze (Murat-sur-Vèbre) à une passerelle | 7 km | 2 h 🚌

À Murat-sur-Vèbre > 🏠 🏛 🚡 🏕 🍴 ✕ ☕ ℹ 🚗 🛏

118 Filer tout droit, traverser le ruisseau des Roucarels, puis celui des Fargues. Poursuivre en face devant un calvaire et rejoindre la D 162 ; la prendre à gauche sur 130 m.

119 À gauche, monter à Candoubre par un chemin empierré [👁 > dolmen]. Au village, prendre à gauche, puis tout de suite à droite sous la passerelle entre deux bâtiments d'usine. Tourner à gauche vers la Capélanié et franchir le pont du Candoubre. À la métairie, tourner à droite, puis monter à gauche [👁 > observer des anciennes drailles pour le passage des moutons]. Continuer dans la vallée de la Vèbre. Dépasser ainsi une zone humide.

120 Monter alors à gauche et traverser de nombreux ruisseaux intermittents. Poursuivre sur une sente au-dessus des prairies.

121 Aux Condomines, grimper à gauche dans un chemin creux jusqu'à une piste ; la prendre à gauche, puis tourner à droite devant le calvaire. Descendre ensuite dans le sous-bois pour gagner Peyroux. Traverser la D 162, prendre à gauche dans le hameau. Rejoindre la route avant de descendre dans le bois. Suivre le bord des parcelles pour franchir une passerelle sur le Randy.

MÉGALITHE DANS LES MONTS
DE LACAUNE / PHOTO L.F.

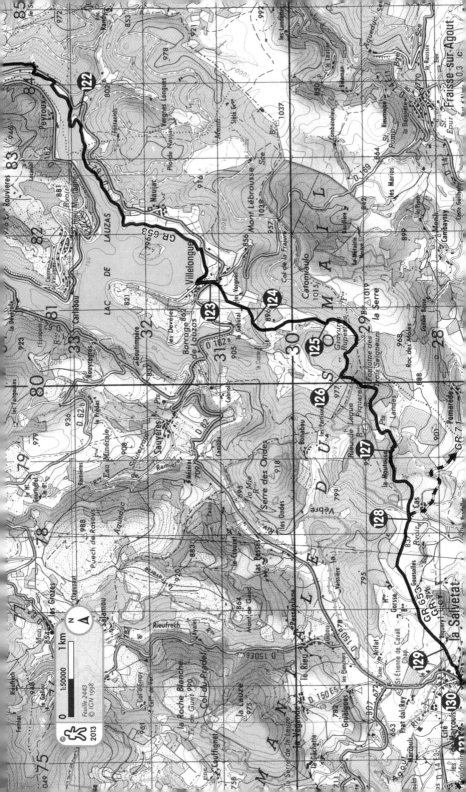

De la passerelle à Villelongue ⬛ 4 km ⬛ 1 h ▭

122 Monter dans le bois, laisser un chemin à gauche. Au carrefour de quatre chemins, descendre le deuxième à droite, puis prendre à gauche le chemin sur la berge. Un chemin creux, puis une étroite route mène à Villelongue. Aux premières maisons, monter une ruelle en direction de l'église, la longer par la droite pour déboucher sur la D 162a [⬤ > vue sur le barrage].

De Villelongue à la Jasse del Baccut ⬛ 2,5 km ⬛ 30 min ▭

À Villelongue >

123 Descendre par la D 162a sur quelques mètres et prendre aussitôt à droite un petit chemin jusqu'à quelques maisons ; les contourner par la droite, puis avancer entre des murettes. Au bout, prendre une petite route à gauche, puis bifurquer à droite vers l'Acapte.

124 Après la maison du Gabutal, monter à gauche (chemin en sens interdit). Plus haut dans la forêt, traverser la piste qui va à la Jasse dé Paouret et poursuivre pour arriver à la Jasse del Baccut.

De la Jasse del Baccut à la Moutouse ⬛ 3,5 km ⬛ 1 h ▭

À la Jasse del Baccut >

125 Longer le ruisseau, puis le traverser et monter dans la hêtraie jusqu'à une clairière. Prendre à droite une piste dans la forêt communale de Nages (sens interdit) [⬤ > après 300 m, sur le plat, hors GR® à droite à 5 min : gravures rupestres]. Arriver ainsi au Rec del Bosc (954 m), carrefour de plusieurs pistes.

126 Prendre la piste la plus à gauche qui descend sous de grands pins, puis contourne l'étang des Landes pour gagner le hameau de la Moutouse.

De la Moutouse à La Salvetat-sur-Agout ⬛ 5 km ⬛ 1 h 15 ▭

À la Moutouse > ▤ ⬛ ✕ ☕

127 Traverser le hameau et poursuivre jusqu'à un croisement en ignorant à droite la route de Bonnabou.
> Jonction avec le sentier GR® 71 venant de Fraisse-sur-Agout.

128 Dans le virage, s'engager à droite sur une large piste qui redescend vers La Salvetat-sur-Agout. Garder la direction par une petite route.

129 Après Biquiry, descendre à gauche par une cavée empierrée. À la première maison de La Salvetat-sur-Agout (697 m), tourner à gauche, puis à droite jusqu'à la mairie sur la D 907, place de Compostelle.

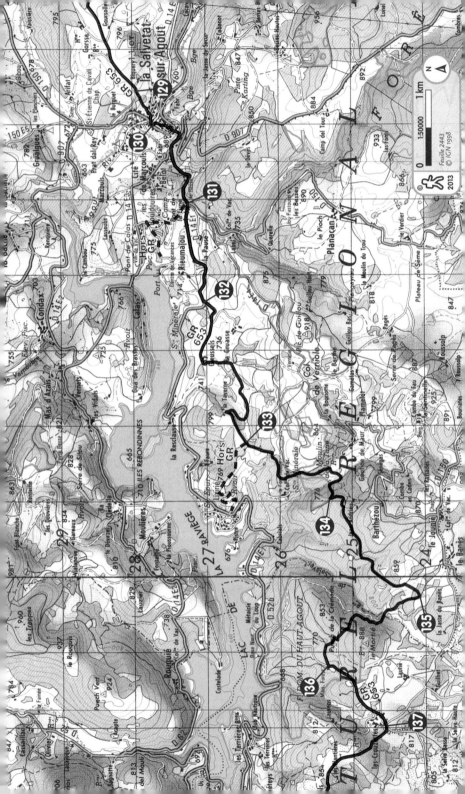

De La Salvetat-sur-Agout au pont de la Lune | 2 km | 20 min ≡

À La Salvetat-sur-Agout > 🏨 🏦 🛏️ ⛺ 🛒 🍴 ☕ ℹ️ 🚌 ▱
À la Resse > 🏦 🍴

130 Prendre à gauche la montée du Brisaou et, aussitôt à droite, les marches de la rue de la Portanelle. Passer la porte voûtée. Poursuivre rue de la Poterne, passer devant l'église Saint-Albin et tourner rue des Consuls. Traverser la place des Archers et continuer rue des Compagnons. Au bout, descendre à gauche par la rue du Portail-Vieux puis, un peu plus bas à droite, des escaliers mènent à l'Agout [👁 > ce cours alimente le lac de la Raviège]. Franchir le pont sur l'Agout et suivre à droite la direction d'Anglès, puis bifurquer sur la D 14E1. Passer à la Resse et arriver au pont de la Lune.

> **Hors GR® > pour Bouldouïres** | 800 m | 10 min | 🏦 ⛺ 🍴
> Tourner à droite, puis de suite à gauche pour gagner les campings.

Du pont de la Lune à un croisement de pistes | 4,5 km | 1 h 20 ≡

131 Rester sur la D 14E1, puis laisser Rieumajou à droite pour gagner une bifurcation.

132 S'avancer à gauche, en direction de la Gruasse et Gieussels. Ignorer le chemin de la Gruasse. Plus loin, contourner la ferme de Gieussels par la droite et poursuivre par le chemin principal [👁 > pierre plantée à droite : menhir de Gieussels]. Parvenir ainsi à la Taverne. Monter à gauche par une piste forestière dans une plantation sur environ 500 m. Parvenir à un croisement de pistes.

> **Hors GR® > pour Lixirié** | 1 km | 20 min | 🏨 🛏️ 🍴
> À droite, emprunter une piste en forêt, passer un calvaire et rester sur la piste principale pour entrer dans le hameau.

Du croisement de piste au refuge forestier de Salavert | 6,5 km | 1 h 40 ≡

133 Continuer dans la forêt, ignorer une maison sur la droite puis, 100m plus loin, descendre à droite par un sentier. Passer un ruisseau, monter, le sentier serpente en sous-bois et rejoint une piste. L'emprunter à gauche et poursuivre en face au carrefour suivant. Franchir un ruisseau et une zone humide. Passer près des ruines du moulin de la Tane et déboucher sur une piste forestière.

134 Monter à gauche jusqu'à la clairière et poursuivre sous les pins. Atteindre une bifurcation. Tourner à droite dans un chemin entre des murettes, puis à gauche. Franchir un vallon, puis remonter en gardant la direction. Traverser une prairie et gagner un croisement dans la forêt.

135 Descendre à droite pour franchir le ruisseau de Salavert, limite avec le département du Tarn, puis grimper en face. Déboucher sur une piste forestière, l'emprunter à gauche en forêt domaniale du Haut-Agout jusqu'à un carrefour. Partir sur la deuxième piste à droite, puis tout de suite à gauche. Arriver ainsi sur une route près du refuge forestier de Salavert.

Du refuge forestier de Salavert à la bifurcation de Salvan | 6,5 km | 1 h 30 ≡

Au refuge forestier de Salavert > 🏠, source

136 Suivre à gauche la route qui conduit au hameau des Crouzettes(824 m). À l'entrée, laisser la direction des Fontanelles à droite et gagner un carrefour (croix).

CHARCUTERIE DE LACAUNE / Photo L.
SUR LES HAUTEURS DU LAC DU LAOUZAS / Photo L.
HÊTRAIE / Photo P.

GASTRONOMIE
CHARCUTERIE RÉPUTÉE

La charcuterie des monts de Lacaune est à l'image de ce pays : authentique et généreuse. Des gestes ancestraux, transmis au fil du temps, garantissent un savoir faire et une qualité reconnue par un Label Rouge dès 1969. Sous l'œil attentif des salaisonniers, le terroir prend vie, doucement, développant une saveur unique. Bougnettes, saucisses, saucissons ou jambons, sont l'héritage de lointaines recettes à découvrir absolument ! Les monts de Lacaune sont aujourd'hui la capitale de la charcuterie en Midi-Pyrénées. Les salaisons ont su évoluer d'un artisanat familial à une activité économique à part entière. À ce jour, une vingtaine d'entreprises se sont engagées dans une démarche collective pour l'obtention d'une « Indication Géographique Protégée » sur le jambon, le saucisson sec et la saucisse sèche des monts de Lacaune. Découvrez l'histoire des salaisons lacaunoises à la maison de la Charcuterie et les étapes d'élaboration des produits de salaison lors du circuit « Salaisons de Lacaune ».

FAUNE ET FLORE
LA HÊTRAIE DANS LES MONTAGNES TARNAISES

Troncs élancés ou parfois tordus, écorce lisse, feuillage aux teintes magnifiques, limpidité des sous-bois, la hêtraie compose toujours un paysage d'une rare esthétique.
Le hêtre, grand arbre au feuillage dense, demande, même pendant l'été, un air humide et frais, de préférence sous forme de brouillard matinal. Dans les montagnes tarnaises, il trouve ces conditions climatiques entre 600 et 1250 m d'altitude. La végétation de la hêtraie est essentiellement composée de plantes vivaces à bulbes, rhizomes ou stolons qui, pour la plupart, fleurissent et fructifient entre mars et mai, avant le complet développement du couvert dense du feuillage, qui donne une ombre très épaisse. Narcisse, érythrone dent-de-chien, scille printanière, scille fausses-jacinthe, primevère élevée, dentaire, sceau-de-Salomon, lathrée clandestine, néottie nid d'oiseau, parisette à quatre feuilles, forment un parterre mêlé de blanc, de jaune, de rose, de bleu, de violet... Fin juin, ces plantes printanières ne laissent plus aucune trace à la surface de la litière de feuilles mortes. Seules subsistent, en apparence, quelques plages de graminées (pâturin de Chaix ou canche flexueuse) ou de myrtilles, dans les endroits les plus éclairés.

PATRIMOINE NATUREL
LE PLATEAU DES TROIS LACS

Au-dessus des monts de Lacaune, il n'y a que le ciel : à 1 200 m, l'hiver suscite les *Hauts de Hurlevent*, le printemps sème des jonquilles, et l'été, lumineux, joue avec la gamme des verts. C'est le pays du grand air, des balades sur les crêtes, des belvédères sur la Méditerranée que l'on devine, au loin, par temps clair. C'est une terre plutôt discrète qui fut de tout temps terre d'asile, des Réformés aux maquisards. Au creux des hauts sommets, de vallons en vallées étroites, les eaux deviennent tour à tour vives, poissonneuses, thermales et… minérales. Au bord des grands lacs, au Laouzas, aux Saints-Peyres ou à la Raviège, les plages côtoient la forêt. Agout, Dadou, Gijou, accompagnés de mille ruisseaux, animent les paysages de leurs eaux limpides.

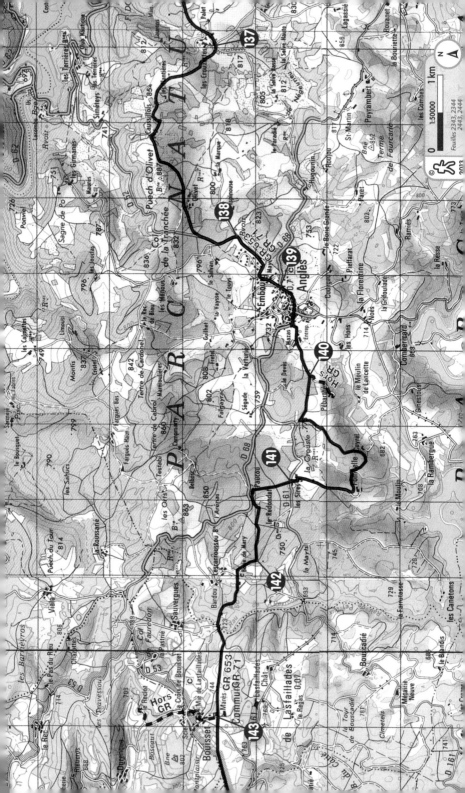

137 Prendre à droite la direction de Anglès par Caussinols. À la sortie de la forêt, la route longe une clôture. Laisser les Plantières à gauche, puis traverser les Caussillols et Olivet. Suivre ensuite la D 52 à gauche sur 600 m jusqu'à la bifurcation de Salvan.

De la bifurcation de Salvan à l'entrée d'Anglès `1 km` `15 min` ▭

138 Poursuivre sur la D 52 pour rejoindre Anglès (747 m).

De l'entrée d'Anglès à une croix `1,5 km` `20 min` ▭

À Anglès > ▨ ⛺ 🏕 🛒 🍽 🚌

👁 > Situé à 700 m d'altitude sur le plateau des Lacs, au cœur du Parc naturel régional du Haut-Languedoc, le village d'Anglès, station verte de vacances, assure le dépaysement aux visiteurs dans une nature sauvage et préservée.

139 Au carrefour avec la D 68, prendre la direction de Brassac. À la sortie du village *(borne FFRandonnée)*, quitter la D 68 et descendre à gauche vers Mazars. Dépasser le hameau et arriver dans un virage (croix).

Hors GR® > pour Peybarthes `300 m` `5 min` ⛺
Poursuivre sur la route.

De la croix à Bouisset `6,5 km` `1 h40` ▭

140 Prendre le chemin qui monte à droite dans la forêt, entre des murets, puis le long d'une prairie clôturée. À l'intersection, emprunter vers la gauche une large piste forestière jusqu'à un carrefour de pistes. Laisser à gauche le circuit du Moulin de Lancette pour partir à droite. Traverser un ruisseau, puis contourner une prairie et poursuivre par la voie d'accès de Fombelle entre des grands hêtres remarquables jusqu'au hameau des Sires. Traverser la D 61.

141 Filer tout droit par un chemin [👁 > croix de Saint-Jacques] jusqu'à Paucou. Dans la propriété privée, partir à gauche pour contourner les bâtiments (⚠ > **bien suivre le balisage**). Descendre en pente douce à droite et arriver à la sortie de la propriété.

142 Monter alors à droite et bifurquer tout de suite à gauche. Rejoindre ainsi la Borie de Mary. Couper la route et poursuivre en face jusqu'à la Métairie de San Fé [👁 > souvenirs des commandos parachutistes américains en 1944]. Descendre à droite au ruisseau de Peyroux, obliquer à gauche et laisser le chemin du Reclot à droite. Suivre le circuit de mémoire des Corps Francs par une belle allée. Longer ainsi un étang et arriver à Bouisset (774 m).

Hors GR® > pour le Reclot `1,5 km` `20 min` ⛺
Prendre à droite la D 53, traverser Bouisset, puis emprunter à gauche la route jusqu'au Reclot.

De Bouisset au Rialet `3,8 km` `1 h` ▭

143 Après le cimetière, déboucher sur la D 53 ; la prendre à gauche sur quelques mètres. Tourner à droite dans le virage, puis de suite à gauche. Au calvaire, aller tout droit [👁 > chemin borné]. Au croisement avec une piste, aller en face et atteindre un grand carrefour de pistes, dit des « Tres Bolos ».

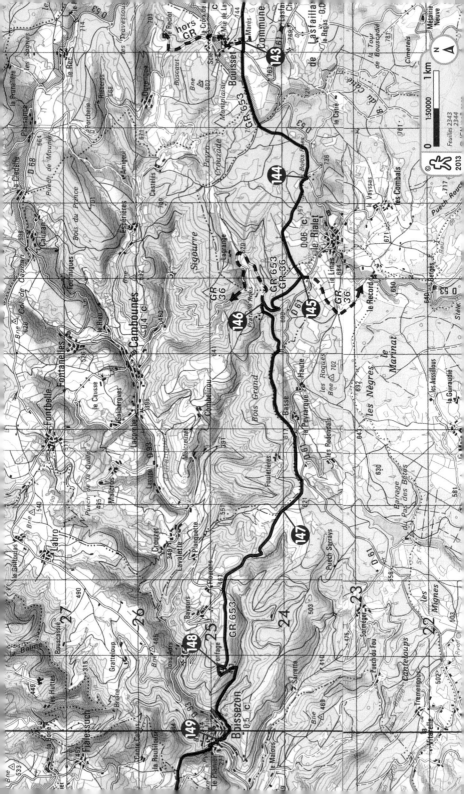

144 Monter en face jusqu'à des prairies. Passer près d'un pylône de téléphonie au dessus du Rialet et arriver à la borne FFRandonnée « le Rialet, alt. 723m ».

> Jonction avec le sentier GR® 36.

Du Rialet à Boissezon   8 km   2 h

145 Prendre à droite l'allée sous les pins et poursuivre jusqu'à une piste. Tourner à droite et gagner une bifurcation à Prataillé (croix).

> Séparation avec le sentier GR® 36.

146 Descendre à gauche, puis ignorer un chemin à droite. À la clairière, prendre la piste à droite et continuer tout droit en ignorant les chemins secondaires jusqu'à un carrefour proche de la D 61. Avancer à droite, puis à gauche en lisière de bois pour laisser Fouletières sur la droite. S'avancer à droite (PR du Rampaillou) sur un chemin herbeux entre bois et prairies (ignorer les chemins secondaires). Passer devant une borne FFRandonnée [👁 > panorama sur la plaine de Castres] et arriver à un croisement de pistes.

147 Continuer à gauche sur une piste gravillonnée qui franchit un vallon, puis remonte. À un carrefour, laisser Flourens à droite pour filer plein ouest. Passer devant un panneau FFRandonnée, suivre le goudron jusqu'au Couderc. Le chemin continue en crête jusqu'à Fonfage.

148 Contourner complètement les bâtiments par la droite en passant dessous : quitter la route pour un chemin à gauche, puis assez vite encore, descendre à gauche. Descendre par un chemin en lacets jusqu'au ruisseau de Rivaillou et le franchir. Le sentier GR® remonte et surplombe une filature avant de rejoindre Boissezon (280 m).

CHEMIN FAISANT /
PHOTO L.F. / CDT81

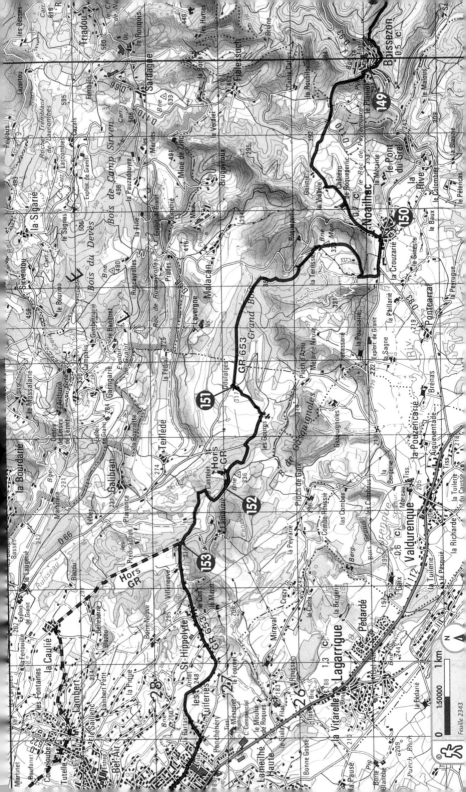

De Boissezon à Noailhac `3 km` `45 min` 🛏

À Boissezon > 🖼 🍴 ✕ ☕ 🛏

149 À Boissezon, traverser la D 93 et prendre à gauche de la mairie, puis franchir le pont sur la Durenque. S'avancer à droite sur un chemin goudronné. Laisser à droite le PR de la Durencuse et poursuivre la montée en ignorant un chemin à droite pour atteindre la D 110 ; traverser la route [👁 > à gauche, panorama sur la Montagne noire]. Passer ainsi en contrebas de Galinié, puis Viallèle, puis descendre vers le château de Roqueperlic. En bas, traverser le ruisseau de Canoubre et rejoindre Noailhac (233 m).

De Noailhac au Castelet `6 km` `1 h 45` 🛏

À Noailhac > 🍴 ✕ ☕

150 Suivre la D 93 à droite sur 400 m, puis la quitter pour passer à droite du gymnase. Aussitôt après, monter à droite par le chemin de Diolo. Plus haut, virer franchement à droite et continuer à monter, sur un chemin de terre jusqu'à la Terrisse. Contourner la ferme, et poursuivre entre les chênes et les buis. À tous les croisements de pistes, prendre en face. L'itinéraire sort de la forêt et arrive à Doulatgès.
151 Après une ferme, descendre à gauche par un chemin herbeux au hameau des Gourgs. Par la voie d'accès, gagner une route à droite ; la suivre à gauche jusqu'au Castelet.

Hors GR® > pour le Castelet `200 m` `5 min` 🛏
Bifurquer à droite.

Du Castelet à la bifurcation pour la Caulié `1 km` `15 min` 🛏

152 S'avancer sur la route des Crètes sur environ 240 m. S'engager sur un chemin à droite traversant un bois. Remonter en à gauche aux carrefours. Rejoindre une piste et la suivre à gauche pour gagner la bifurcation pour la Caulié.

Hors GR® > pour Gourjade `5,5 km` `1 h 30` ⛺
Rejoindre la Caulié, tourner à gauche pour gagner Lambert et la D 622. Faire un droite-gauche, pour aller traverser le parc de Gourjade. Garder la direction, puis tourner à gauche et franchir l'Agout. À droite, se trouve le camping. Rejoindre le centre ville de Castres (direction sud) et l'itinéraire principal *(voir tracé en tirets sur la carte)*.

De la bifurcation pour la Caulié à la collégiale de Castres `5 km` `1 h 30` 🛏

153 Descendre à gauche par la route des Crètes qui traverse Saint-Hippolyte. Dans le virage en épingle, quitter la route principale pour prendre en face la petite route (chemin du Landou). Après 300 m, s'engager à gauche dans un passage qui débouche rue du Lieutenant-Bernard-Mercier. En face, elle longe la clinique. Au bout, poursuivre à droite par le chemin de Saint-Hippolyte qui entre dans Castres. Prolonger par la longue rue Ernest-Barthe. Au bout, tourner à gauche, rue Sœur-Richard, puis à droite, rue Sainte-Foy. Arriver ainsi devant la collégiale, au pied de la statue du Pèlerin de l'Autan.

CASTRES EN TERRE OCCITANE

PLACE JEAN-JAURÈS, À CASTRES / PHOTO L.F. / CASTRES, MAISONS SUR L'AGOÛT / PHOTO C.R.

Bâtie le long de la rivière Agoût, située aux portes du Parc naturel régional du Haut-Languedoc à proximité de la Montagne noire et du Sidobre, Castres était une étape importante sur le Chemin d'Arles grâce aux reliques de saint Vincent qui reposaient dans la basilique édifiée au XIᵉ siècle sur l'actuelle place Jean-Jaurès. Aujourd'hui, la « villégiale » Saint-Jacques située face à l'église du même nom, et qui est le siège de l'association du Haut-Languedoc, perpétue le souvenir des hôpitaux qui hébergeaient et soignaient les pèlerins qui avaient affronté la violence du vent d'Autan en descendant des monts de Lacaune. Le « Pèlerin de l'Autan », statue érigée à l'entrée du chemin dans Castres, leur rend hommage. De nombreux hôtels, un gîte municipal et des particuliers assurent l'hébergement de pèlerins de plus en plus nombreux.

DOURGNE ET SES DEUX ABBAYES

Ce village, aux deux abbayes, est situé aux pieds de la Montagne noire. Site occupé par l'homme depuis la Préhistoire, Dourgne fut, durant la période romaine, implantée sur le lieu-dit Saint-Chipoli. Ruinée durant la croisade contre les Albigeois, la cité fut reconstruite à son emplacement actuel en 1301

L'ABBAYE SAINTE-SCOLASTIQUE / PHOTO C.P.

avec l'autorisation de Philippe Le Bel. Les abbayes d'En Calcat et de Sainte-Scolastique ont été fondées en 1890 par Dom Romain Banquet et Mère Marie Cronier. Ces deux abbayes bénédictines offrent aux pèlerins un hébergement, mais aussi un lieu de ressourcement spirituel et la splendeur de leurs chants grégoriens. Fidèle à la règle de saint Benoît (VIᵉ siècle), la communauté s'efforce de respecter la personnalité de chacun en lui permettant d'exercer ses talents au bénéfice de tous. Dès le début, la communauté compta donc des artistes. Parmi eux, le moine tapissier Dom Robert : célébrité dans le monde de la tapisserie contemporaine, son œuvre est inspirée directement par la nature, comme celle des pères Socard et Hubert, peintres-verriers spécialisés dans l'art du vitrail en dalles de verres.

PATRIMOINE BÂTI
ABBAYE-ÉCOLE DE SORÈZE : HISTOIRE ET SAVOIR

ABBAYE-ÉCOLE DE SORÈZE / Photo C.R.

Sorèze est un village médiéval aux maisons à encorbellements situé au pied de l'oppidum de Berniquaut et aux abords de la Montagne noire. De l'ancienne église, subsiste le splendide clocher du XVIᵉ qui domine l'abbaye-école, ancienne école royale militaire des XVIIIᵉ et XIXᵉ siècles, classée « Grands sites Midi-Pyrénées » et bâtie sur les ruines de la première abbaye bénédictine érigée au début du IXᵉ siècle. À l'intérieur, un parcours muséographique met en scène les lieux et les objets qui témoignent de l'histoire de ce site prestigieux. Des vitrines accueillent les collections de costumes, d'art sacré et celles dédiées à la personnalité du Révérend Père Lacordaire, qui, durant quatre ans, sous le règne de Napoléon III, fut directeur de l'école et reste la figure majeure de son histoire. Des cellules de dortoirs d'élèves et une salle de classe sont représentées. Dans le village même, une rue de l'hôpital Saint-Jacques rappelle l'hospitalité offerte aux pèlerins depuis le Moyen Âge.

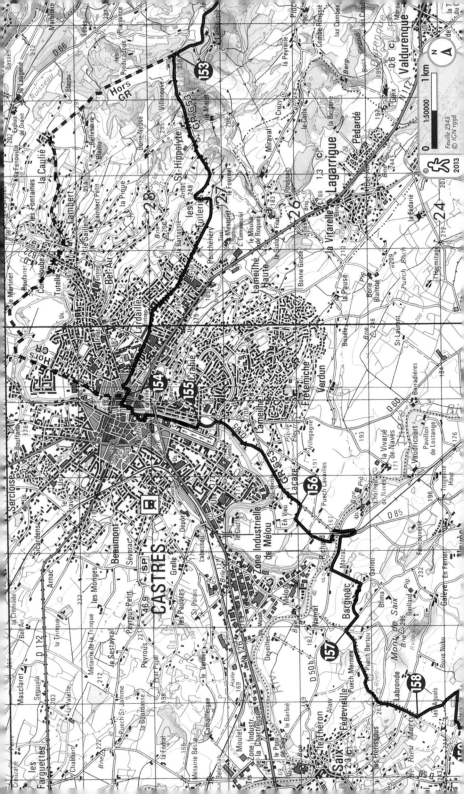

À Castres >

👁 > Sportive et dynamique, ville natale de Jean Jaurès, mais aussi ville de caractère avec ses maisons sur l'Agoût, le musée Goya d'art hispanique et le jardin de l'Evêché, emblème de la ville, Castres offre un cadre de vie privilégié.

154 Traverser l'avenue face à la statue du Pèlerin de l'Autan et emprunter la rue Fuziès sur 100 m. Tourner à gauche, rue Francisco-Ferrer et passer devant l'église Saint-Jacques. Prendre la rue Eugène-Leiris à droite, puis tourner de suite à droite sur la place Fagerie pour suivre, à gauche, la rue Milhaud-Ducommun. Au croisement avec la rue Villegoudou, traverser le pont à droite et tourner à gauche. En vue de l'hôtel de ville, continuer tout droit dans un parking. Poursuivre sur un chemin goudronné qui passe à côté du Jardin de l'Evêché, puis s'enfonce sous des bâtiments voutés. Passer sous le pont Biais et continuer, toujours en bordure de l'Agout. Arriver ainsi à une passerelle ; la traverser et tourner à gauche. Environ 30 m plus loin, gravir une petite pente goudronnée à droite et déboucher en face d'un bâtiment de La Poste.

155 Tourner à droite, puis de nouveau à droite dans la première rue. Traverser une avenue menant à un pont et continuer, en face, sur l'Ancienne route de Navès. Au bout, tourner à droite sur une large avenue. À un premier rond-point, aller en face et franchir un pont pour arriver à un second rond-point.

156 Prendre la première route à droite sur 150 m, puis tourner à gauche sur un chemin goudronné. Franchir un passage à niveau et rester sur le chemin de gauche. Il débouche sur une route ; la suivre à droite,

traverser un pont, puis un second passage à niveau et continuer, à droite, sur la route de Saïx pendant 650 m. À l'embranchement de la route de Barginac, tourner à gauche, puis traverser le hameau à droite. Arriver ainsi à un croisement en T. Par la droite, atteindre un croisement.

157 Sur la gauche, monter par une piste empierrée : elle débouche au croisement de Puech Bertou. Poursuivre la montée par un petit chemin de terre. En haut, faire quelques mètres à gauche, puis descendre. Couper une route et filer en face sur environ 200 m en direction de Vacant.

158 Bifurquer à gauche sur une piste en terre. Lorsque le chemin se scinde en deux, prendre à droite (panneau « lou cami de Viviers »). À la route, s'engager à gauche pour rejoindre, 300 m plus loin, le Vacant (230 m).

LE CÔCHE D'EAU SUR L'AGOÛT
À CASTRES / PHOTO L.F. / CDT81

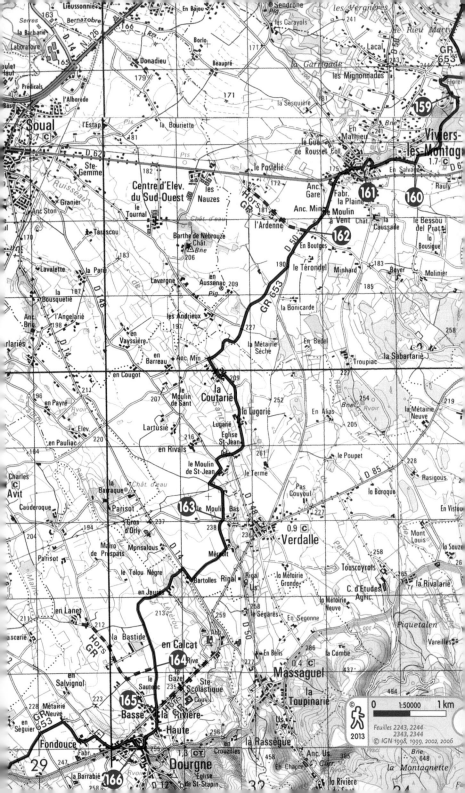

159 Au hameau, s'engager à gauche sur un petit chemin, d'abord goudronné, puis de terre indiqué « Lou Cami de Viviers ». Environ 50 m après, tourner à droite et traverser un bois. Au sortir du bois, face à un grand champ et à la Montagne noire, obliquer à droite : le chemin rejoint le chemin de Cruzel (route).

160 S'avancer à droite (direction « Lou cami de Viviers ») sur le chemin du Cruzel qui entre dans Viviers-lès-Montagnes. Le chemin alors fait le tour du château et de l'église. Ensuite, tourner à gauche et gagner la place du village.

De Viviers-lès-Montagnes au croisement de l'Ardenne | 1,5 km | 20 min ▭

À Viviers-lès-Montagnes > ⊨

161 Tourner à droite dans la rue de la Maréchale. Au bout, aller à droite, puis au croisement, virer à gauche en direction d'un pont ; le franchir et tourner de suite à gauche sur la D 50, route de Verdalle. Passer devant la ferme du Moulin à Vent et parvenir au croisement de l'Ardenne.

Hors GR® > pour le Pastelié `1 km` **15 min** ⊨ ✕
Suivre la route à droite pour gagner le hameau.

Du croisement de l'Ardenne au croisement de Moulin Bas | 6 km | 1 h 30 ▭

162 Continuer en face, puis bifurquer à droite ; s'avancer ainsi sur une petite route sur presque 2 km. Après avoir franchi un petit pont, tourner à gauche pour parvenir au hameau de la Coutarié ; le traverser et continuer sur la route. Passer à la Lugarié et arriver à l'église Saint-Jean. Passer devant le cimetière (D 148) et, 100 m plus loin, bifurquer à gauche vers le Moulin de Saint-Jean. Dans le hameau, prendre à droite au panneau « Vers Verdalle », passer devant le stade municipal et, 100 m plus loin, atteindre un croisement pour Moulin Bas.

Hors GR® > pour le Moulin Bas `100 m` **5 min** ⊨
Tourner à gauche.

Du croisement de Moulin Bas à une bifurcation | 3 km | 45 min ▭

163 Partir à droite, puis tout de suite à gauche sur un autre chemin goudronné. Dépasser une ferme et atteindre un virage. Emprunter un chemin de terre enherbé à droite (⚠ **> chemin peu visible : à l'entrée, croix dont la branche horizontale manque**) ; il débouche sur la D 14. La suivre à droite sur 200 m (⚠ **> prudence**). Descendre à gauche vers un bois par un chemin empierré. Laisser les bâtiments d'En Jaurès à gauche et rejoindre une large piste empierrée , la suivre à gauche sur environ 900 m en ignorant à droite l'allée de platanes de la Bastide. Arriver à une bifurcation.

Hors GR® > pour la ferme d'En Gout `500 m` **5 min** ⬚
Obliquer à droite sur un chemin de terre. À la route, s'avancer à droite sur 300 m.

Hors GR® > pour En Lanet `1 km` **10 min** ⊨
De la ferme d'En Goût, continuer sur la route et, à la patte d'oie, poursuivre à gauche.

De la bifurcation à Dourgne | 1,2 km | 5 min ▭

164 Continuer en face jusqu'à la D 85 à l'entrée de Dourgne.

> Sainte-Scolastique (⬚) et En-Calcat à gauche.

165 Traverser la D 85 pour prendre en face le long d'un bâtiment de pierres. Ignorer une rue venant de droite. Tourner dans la première rue à droite, puis la deuxième à gauche et arriver devant l'église.

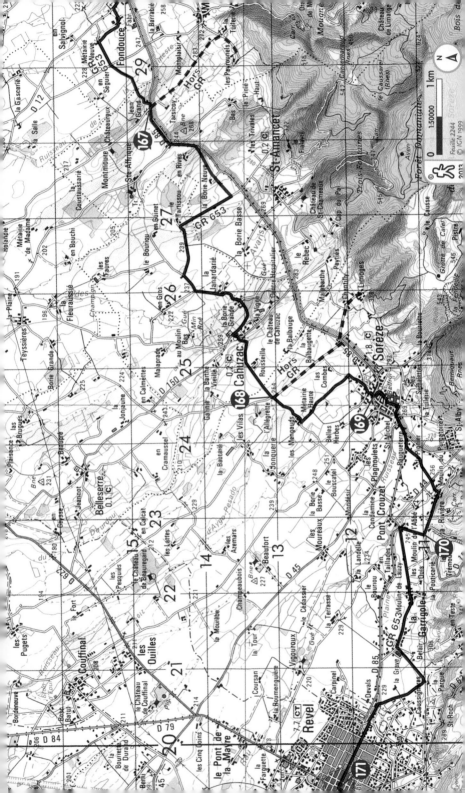

De Dourgne à la route de Tarsicoy (D 85) — 2,5 km — 50 min

À Dourgne > 🏠 🏨 🛏 ⛺ 🛒 🍴 ☕ 🚌 🅿

166 À la fontaine, descendre à droite par la place des Promenades, puis par l'avenue du Général-Leclerc. Au carrefour, suivre la D 85 vers Sorèze, la D 12 vers Puylaurens sur 300 m. Au bout du cimetière, s'avancer à gauche pour traverser Fondouce et gagner la Métairie Neuve. Cheminer vers la gauche, Couper une route pour continuer en face sur un chemin de terre. Après la traversée d'un ruisseau et un raidillon, déboucher sur la D 85. S'avancer à droite sur quelques mètres.

Hors GR® > pour Peyrounels — 1,7 km — 25 min — 🛏

Suivre la piste à gauche, puis tourner à droite à la Tuilerie pour gagner le hameau.

De la D 85 à la route après Rousseille — 6 km — 1 h 45

167 Avancer sur la droite sur 200 m, puis descendre à droite sur une ancienne voie ferrée. Rester sur ce sentier bien délimité jusqu'à son extrémité. Devant la Borie Neuve prendre à gauche, descendre un talus, traverser un champ pour atteindre une petite route qu'il faut suivre vers la droite. Laisser les voies conduisant à Tartissou et En Guinet. Traverser La Janardarié puis La Borie Grande pour arriver dans le villlage de Cahuzac. Devant le cimetière de Cahuzac tourner à gauche et passer devant l'église. Descendre alors tout de suite à droite sur une petite route. Dépasser ainsi Rousseille et couper une route.

Hors GR® > pour la Duretié — 2 km — 30 min — 🛏

Prendre la route à gauche sur 1,2 km. À la D85, aller à gauche. Laisser le premier chemin à droite pour prendre le suivant de suite à droite et rejoindre la Duretié (Limoges sur la carte).

De la route après Rousseille à Sorèze — 3 km — 45 min

168 Continuer en face. Après la ferme des Mengauds, aller à gauche vers la Métairie Haute. Arriver à Sorèze par la rue du 19 mars 1962.

De Sorèze à Revel — 8 km — 2 h

À Sorèze > 🏠 🏨 🛏 ⛺ 🛒 🍴 ☕ ℹ 🚌 🅿

169 À Sorèze, au coin de la Mairie, traverser la D 85 et remonter les allées Notre-Dame vers la gauche. Entrer dans le bourg par la rue du Maquis. Au bout de celle-ci, prendre à droite rue Lacordaire puis à gauche rue Saint-Martin. Longer l'abbaye-école (OTSI). Sortir du bourg à droite par le chemin du Tour du Parc, puis à gauche par la rue Lemonnier en restant sur le trottoir de gauche. Dans le giratoire, continuer sur la route de Revel avant de bifurquer à gauche dans le chemin du Pigné. Traverser la route de Durfort. Entrer dans le hameau de la Rivière. Suivre à gauche le chemin des Goutines pour atteindre la D 151.

170 Au bas de la côte de Saint-Ferréol, partir vers la droite puis à gauche vers la Garrigole. Avancer tout droit dans le hameau par le chemin de l'Autan, puis à droite par le chemin des Bouriattes. Au carrefour, prendre à droite vers la ferme de Belair et longer un bâtiment. Un chemin mène à la ferme de la Pergue. Descendre la route de droite, traverser la Rigole de la Plaine, la suivre à gauche jusqu'à la piscine. Laisser la rigole en obliquant légèrement à gauche pour s'engager dans l'avenue Roquefort et la rue Georges-Sabot jusqu'à la halle de Revel.

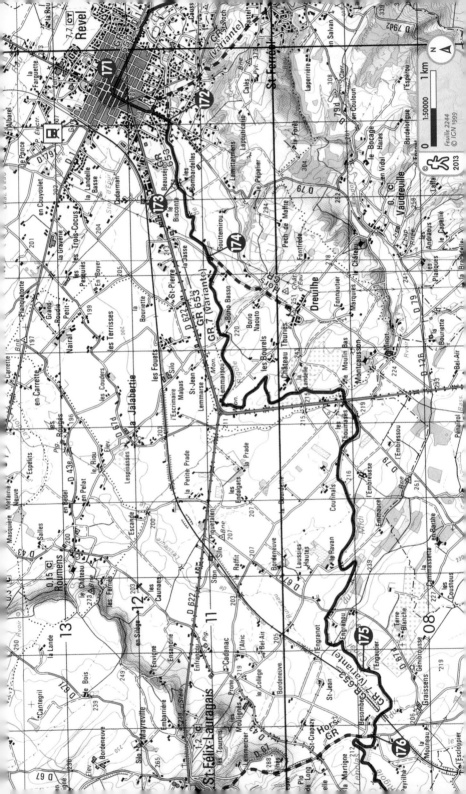

De Revel au pont de la Badorque | 900 m | 15 min

À Revel >

👁 > Bastide médiévale du XIVᵉ siècle ; place centrale avec halle, beffroi et galeries ou garlandes ; les révélois parlent plutôt du couvert : sous celui-ci de nombreux commerces, restaurants et bars ont élu domicile. Le marché du samedi est classé parmi les 100 plus beaux de France, les producteurs locaux proposent des produits traditionnels: le « veau sous la mère », le canard sous toutes ses formes, le millas à base de semoule de maïs, le « poumpet », sorte de chausson nature ou citronné… C'est aussi la cité du meuble d'art qui abrite le conservatoire des Métiers du bois.

LE BEFFROI, À REVEL / Photo S.I.

171 Place Philippe VI-de-Valois, prendre à gauche la rue de Dreuilhe.
Dans son prolongement, suivre l'avenue de Vaudreuille. À la caserne des pompiers, continuer tout droit toujours sur l'avenue de Vaudreuille jusqu'au pont de la Badorque.
> Jonction avec la variante du GR® 7

Accès > au bassin de Saint-Ferréol | 2 km | 30 min
À gauche, longer la rigole. Franchir le pont du Riat, remonter le chemin des Lavandières, puis de Rastel et enfin de Cales [👁 > au pied de la digue, se trouve le musée du Canal. Sous le musée, un sentier frais et ombragé serpente jusqu'à la gerbe].

Du pont de la Badorque à une intersection | 2,5 km | 35 min

172 Tourner à droite sur le bord de la Rigole, aménagé en piste cyclable, et passer devant la maison du garde de la « Badorque » pour atteindre le pont des Bombardelles.
> Au pont, jonction avec la variante du GR® 7.

173 Continuer sur le bord de la Rigole.

Hors GR® > pour Dreuilhe | 1 km | 15 min
Suivre à gauche une petite route.

D'une intersection au lac de Lenclas | 11 km | 2 h45

174 Traverser plusieurs petites routes. L'itinéraire s'oriente vers le sud. Arriver sur une route. Poursuivre en face, toujours en bordure de la Rigole et parvenir au Laudot [👁 > à cet endroit, le ruisseau du Laudot amène à la Rigole les eaux du réservoir de Saint-Ferréol]. Passer devant la maison éclusière, traverser la D 624 (⚠ > prudence) et continuer sur la rive de la Rigole. Couper une départementale et passer près du pont de l'Engranou.

175 Plus loin, franchir le pont de l'Engautier pour changer de rive. Passer sur l'aqueduc qui enjambe la voie ferrée et arriver au lac de Lenclas.

Hors GR® > pour Saint-Félix-Lauragais | 2 km | 40 min
Prendre la D 67 à droite, puis un sentier en face et qui retrouve la D 67 un peu plus loin vers le village [👁 > tour de ville, halle du XIIIᵉ siècle, château, remparts, table d'orientation avec vue sur les Pyrénées. La culture du pastel, plante tinctoriale, a fait la richesse et la réputation du pays de cocagne au XVᵉ siècle. Abandonné au profit de l'indigo, le pastel est remis au goût du jour sous forme de produits cosmétiques ou de vêtements teints que l'on peut trouver à Saint-Félix-Lauragais].

SEUIL DE NAUROUZE,
POINT STRATÉGIQUE DU CANAL DU MIDI

Pour mener à bien la construction du canal du Midi, Pierre-Paul Riquet, son concepteur, eut l'idée de récupérer les eaux de la Montagne noire et de les conduire, au moyen de « rigoles » (sortes de canaux étroits et en pente douce), vers le seuil de Naurouze. C'est le point le plus élevé du Canal et il constitue le bief de partage des eaux sur chacun des versants atlantique et méditerranéen. Le bassin devait être un vaste plan d'eau autour duquel Pierre-Paul Riquet envisageait d'édifier une ville. Mais les limons comblèrent progressivement ce réservoir.

Il est traversé par une splendide allée de platanes atteignant quarante-cinq mètres de hauteur et quatre mètres de circonférence. Le site est matérialisé par un obélisque de vingt mètres de haut.

LE LONG
DE LA RIGOLE / PHOTO E.P.

MONTFERRAND, ANCIEN CASTRUM

Dominant le seuil de Naurouze, Montferrand fut occupé dès le néolithique et devint ensuite un oppidum celte, sur la *via Aquitania*, reliant Narbonne à Toulouse, voie de passage entre l'Aquitaine et la Méditerranée. Désertant l'oppidum, le village s'établit dans la plaine et y prospéra. Au XIIe siècle, on trouvait des maisons de parfaits dans tous les villages. Des chevaliers accompagnaient les clandestins de cachette en cachette parfois jusqu'à Monségur. Le château de Montferrand fut assiégé en 1211 par les Croisés de Simon de Montfort. Acheté, il passa ensuite dans le domaine royal et devint un consulat. Il constitue actuellement un important site archéologique : on y a mis à jour les vestiges d'une basilique, d'un cimetière paléochrétien contenant vingt-quatre sarcophages, d'une villa et de thermes gallo-romains.

Sud de France
Languedoc Roussillon

Languedoc
Roussillon
Comité Régional
du Tourisme

IRIS JAUNES AU BORD DE LA RIGOLE / Photo E.P.
LE MUSÉE DU CANAL / Photo S.I.
LE DÉVERSOIR DU TROP-PLEIN DE LA RIGOLE / Photo S.I.
MAISON ÉCLUSIÈRE / Photo S.I.

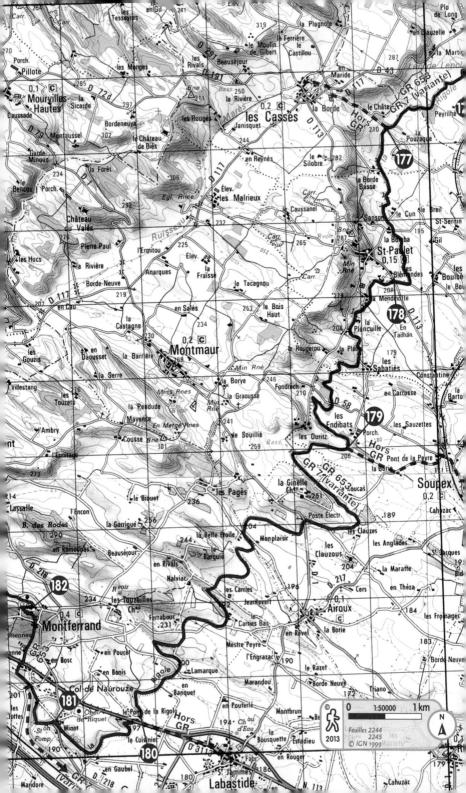

Du lac de Lenclas à un carrefour 2 km 30 min

176 Faire le tour du lac avant de suivre à nouveau la Rigole. L'itinéraire pénètre dans le département de l'Aude et débouche sur une route. Par la droite, descendre jusqu'à un carrefour.

Hors GR® > pour Les Cassés `1,2 km` **20 min**

Emprunter la route à droite, au cimetière bifurquer à droite, traverser la D 113 et tourner à gauche [👁 > Le village des Cassés était regroupé autour de l'abbaye de Notre-Dame-des-Anges (n'a pas résisté à la Révolution). Ce fut au XIIe siècle un haut lieu de l'hérésie Cathare. Saint Dominique tenta de les convertir, mais la répression fut brutale avec le bûcher de 1211. Des stèles discoïdales, certaines aux armes du Comté de Toulouse, sont exposées près de l'église. L'orant est une pièce unique].

D'un carrefour à une intersection 7 km 1 h 45

177 Le sentier GR® continue le long de la Rigole. Ignorer la Borde Basse à droite. Couper une petite route, puis déboucher sur une autre route ; l'emprunter à droite et arriver à la D 113 (⚠ > **route à grande circulation**).

178 Cheminer en face, toujours rive gauche de la Rigole. Couper la D 58 et parvenir à une intersection.

Hors GR® > pour Soupex `1,5 km` **25 min**

S'avancer dans le vallon à gauche, puis emprunter la route à gauche. Franchir la voie ferrée à droite et continuer vers Soupex.

D'une intersection au pont de la Rigole 9,5 km 2 h 15

179 Poursuivre sur la rive, couper la D 1 et plusieurs petites routes pour atteindre le pont de la Rigole.

Hors GR® > pour Labastide-d'Anjou `1,2 km` **20 min**

Suivre la D 6113 à gauche, puis filer en face.

Du pont de la Rigole au seuil de Naurouze 2 km 30 min

180 Traverser la D 6113 (⚠ > **prudence !**) pour reprendre sur la droite le long de la Rigole. Rejoindre ainsi le seuil de Naurouze.

Du seuil de Naurouze à Montferrand 2 km 30 min

Au seuil de Naurouze >

181 Couper la D 218 pour contourner le bassin (ancien plan d'eau) par la gauche. Passer ainsi sur le déversoir du canal du Midi. Par le chemin de halage du canal du Midi, dépasser l'écluse de l'Océan. Emprunter à droite le chemin de la Rivière d'Aillade. Traverser la D 6113 et aller en face sur le chemin des Tounisses. Au cimetière (église Saint-Pierre), garder la direction, atteindre la place ancienne Mare et emprunter la rue de Barbacane (ligne électrique). Prendre à droite un chemin de terre. Au bout de 20 m, monter à gauche des marches disjointes pour traverser la place de l'église Notre-Dame [👁 > 1202, clocher mur triangulaire]. Passer la porte fortifiée (enceinte fortifiée du Fort). Traverser la place de l'aéropostale pour partir à droite. Passer devant le phare aéronautique, l'un des premiers sur la ligne Toulouse-Dakar (1927). Descendre du belvédère par une allée herbeuse jusqu'au chemin des Remparts, le descendre. Emprunter à droite sur 50 m le chemin du Coustous. Prendre à gauche, en direction des éoliennes, un chemin empierré sur 600 m, descendre à gauche un chemin en forte pente.

182 En bas, franchir un ruisseau et tourner à gauche au pied du coteau. Déboucher aux premières maisons d'Avignonet-Lauragais.

D'Avignonet-Lauragais à Villefranche-de-Lauragais　　　　11 km　　2 h 45

À Avignonet-Lauragais >

> Le clocher de 42 mètres de haut, sa flèche à crochets et le chevet octogonal orné de gargouilles aux contreforts sont les points remarquables de l'église. La tour poivrière de 1606, protégée par un croisé, les vestiges des remparts et les stèles discoïdales sont également à voir. La région ventée était équipée de moulins à vent. Ils ont été remplacés par des éoliennes : la dizaine d'éoliennes installées a une production correspondant à la consommation de 7000 ménages (21 000 personnes).

183 Aller à droite par le chemin de la Porte-d'Autan sur 50 m [👁 > vieux puits à gauche]. Continuer par l'impasse du Barry, puis par un large chemin herbeux. Traverser une petite route pour prendre en face un large chemin de terre. Rejoindre la D 80 ; la suivre en face sur 200 m.

STÈLE DISCOÏDALE
À AVIGNONET-LAURAGAIS / PHOTO J.-P.B.

184 S'engager en face sur une petite route qui passe au pied d'une éolienne. Ignorer une voie à droite, puis une route à gauche pour filer tout droit sur un chemin goudronné, puis herbeux. Au carrefour en T, au milieu des champs, tourner à gauche. Au croisement suivant, avant un bâtiment, virer à droite et rejoindre le D 43 ; l'emprunter à gauche sur 150 m, puis tourner à droite vers Grand-Val.

185 Au bout de l'allée bordée de platanes, prendre le chemin de terre à droite qui grimpe sur le plateau. Dépasser En-Gouzy, suivre une route à droite sur 300 m.

186 Sur la gauche, emprunter un large chemin herbeux. Bifurquer à droite vers un bois et, à la lisière, s'avancer à gauche. Aux bâtiments du Bouscassier, descendre par la voie d'accès jusqu'à la D 72 ; la suivre à gauche, puis à droite.

187 Juste après le pont, partir à droite. Prendre le premier chemin à gauche. Dépasser Pinélou, puis ignorer le Bosc à gauche et En Porteny à droite pour continuer tout droit. Au carrefour suivant, tourner à gauche sur le chemin du Tracas.

188 Après Pémirol, un chemin à droite longe un moto-cross, puis franchit un ruisseau et descend dans le vallon boisé. Arriver ainsi à Villefranche-de-Lauragais. À la place de la Tignerie, suivre la rue Fontaine-Barreau, tourner à gauche, rue Thiers, puis à droite pour atteindre la place Gambetta.

1001 FAÇONS DE RANDONNER

Rejoignez la Fédération Française
de la Randonnée Pédestre
et prenez votre Randocarte®.
Vous soutiendrez ses actions :

▷ le développement et la valorisation
des itinéraires de Grande Randonnée
(GR®) à travers toute la France

▷ l'entretien bénévole des chemins
et des sentiers de France

▷ la protection de l'environnement
et du patrimoine naturel.

Vous bénéficiez en adhérant d'une
assurance adaptée et performante,
vous profitez de nombreux avantages
et services et recevez gratuitement le
trimestriel *Passion Rando Magazine*,
76 pages d'infos et de découvertes.

▷ COMMENT SOUSCRIRE VOTRE RANDOCARTE®
• Prenez connaissance de l'étendue des garanties d'assurance offertes
par la Randocarte® sur le site de la Fédération : **www.ffrandonnee.**
• Remplissez le bulletin en ligne.

▷ • Plus d'informations sur :
www.ffrandonnee.fr

Pour toute information :
Centre d'informations de la Fédération Française de la Randonnée Pédestre
tél. 01 44 89 93 93

PÈLERINAGE
PÈLERINAGE ET QUÊTE CHEVALERESQUE

Au XVe siècle, les chevaliers de divers pays d'Europe se plaisent à entreprendre un *Ritterfahrt* vers un lieu de pèlerinage, sorte de voyage chevaleresque d'une cour princière à l'autre. Entre 1454 et 1458, le souabe Jorge Ehingen concilie le plaisir de voyager et la volonté de se mettre au service des princes chrétiens dans leur combat contre les Infidèles, et se rend à Jérusalem puis à Compostelle. En 1465, Léon de Rozmital, seigneur de Bohême, entreprend avec sa suite une sorte de « tour d'Europe » qui le conduira jusqu'en Galice, tout en visitant des sanctuaires célèbres, mais aussi des cours princières et royales pour y participer à des tournois. Entre 1496 et 1499, le chevalier allemand Arnold von Harff entreprend un long périple à cheval « *En vue de la consolation et du salut de [son] âme [...]mais aussi pour connaître les villes, les pays et les coutumes des peuples* ». Il en rapportera l'un des récits de pèlerinage les plus instructifs, détaillant les distances entre chaque étape, le coût de certaines prestations tout en signalant les droits de péage abusifs.

HISTOIRE
QUI A PARCOURU LES VOIES ENTRE TOULOUSE ET CARCASSONNE ?

Passage de 80 km entre la Garonne et l'Aude, cet itinéraire fut de tout temps parcouru par l'homme. À l'âge du bronze, l'étain venu de Cornouaille enrichit marchands et marins Phéniciens : plusieurs textes en grec ancien attestent ce trafic. Les romains tracèrent ensuite leurs routes de conquêtes et d'échanges (vins, blé, sel). Les Francs repoussèrent les Wisigoths de Toulouse vers le Rhône. Les Croisés, pourchassant les seigneurs cathares excommuniés, les pèlerins en route pour Rome ou pour Saint-Jacques-de-Compostelle se croisèrent sur ces chemins. Parallèles, le canal de Riquet, la voie ferrée et l'autoroute A 61 décuplèrent le flux des hommes et des marchandises. Le réseau de ces voies se resserre à Naurouze.

La ligne de l'Aéropostale a aussi utilisé ce passage de 1925 jusqu'à la deuxième guerre mondiale. Pour gagner du temps tout en préservant la sécurité des pilotes, une série de phares servant à guider les avions de nuit y fut implantée. L'un d'eux a été construit à Baziège, un autre à Montferrand-Lauragais. Équipés de tubes électriques au néon rouge orangé pour mieux percer la brume, ils émettaient une lettre en morse (« G » pour Baziège, « R » pour Montferrand-Lauragais). Ainsi, le pilote savait qu'il suivait la bonne direction et pouvait se situer. Le phare était mis en fonctionnement à Montferrand-Lauragais par le garde champêtre, à Baziège par le meunier propriétaire du moulin voisin peu de temps avant le passage de l'avion.

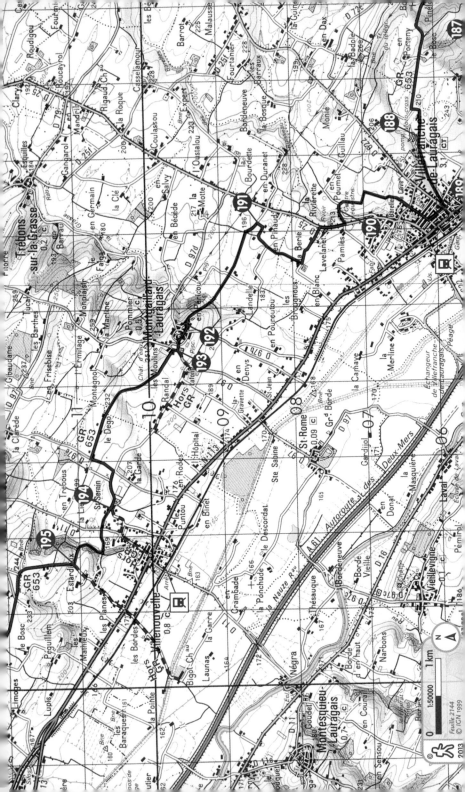

Hors GR® > pour Renneville `2 km` **30 min** | 🏠

Descendre les rues Thiers et Bellinger, prendre à gauche rue de la République, puis à droite rue Voltaire, encore à droite avenue des Tilleuls et emprunter à gauche le Chemin des Voûtes.

De **Villefranche-de-Lauragais** à **Montgaillard-Lauragais** `6 km` 1 h 30 🚆

À Villefranche-de-Lauragais > 🏨 🛒 ✕ ☕ ℹ️ � 🚌 ⛏

👁 **>** Vers 1250, à l'orée de la forêt de Saint-Rome, longtemps repaire des routiers devenus brigands de grands chemins, fut construite par Alphonse de Poitiers, comte de Toulouse, la *Villa Francia de Lauraguais*, bastide fortifiée, au plan régulier en damier, avec des rues parallèles faciles à surveiller et à défendre.

189 Traverser la place Gambetta en diagonale pour prendre la rue Carnot, puis tourner à droite dans la rue Armand-Barbès. Continuer tout droit pour sortir de Villefranche-de-Lauragais par le chemin de la Cave. Suivre le chemin bien tracé entre les parcelles jusqu'à une route ; aller tout droit, dépasser un petit pont d'environ 50 m.

190 Grimper à droite par un petit chemin de terre. Sur le plateau, par la diagonale, rejoindre la D 25 ; la suivre à droite, puis s'engager à gauche sur chemin de Lavelanet. À La Berio, tourner à droite, passer au ras de la façade est de la maison. Continuer tout droit. À l'arrivée sur une route, aller en face et dépasser la Fontaine.

191 Au second virage, descendre à gauche par un chemin herbeux en coupant une route. Franchir un ruisseau et monter en face par un chemin pour arriver dans Montgaillard-Lauragais par la rue de la Pierre-Milliaire.

👁 **>** Au sommet de la montée, à gauche, se trouve une borne milliaire surmontée d'une croix. Les bornes milliaires étaient implantées le long des voies romaines, ici la via Tolosa, et étaient disposées tous les milles romains, soit environ 1460 m. Sur chaque borne, se trouvent différents renseignements [nom de l'empereur, des distances, l'endroit où elle se trouve, etc.]. Cette borne dont l'emplacement original devait être à 5 ou 6 km a été déplacée à Montgaillard-Lauragais, puis surmontée d'une croix.

192 Prendre à droite la rue des Écoles, puis tourner à droite. Dépasser l'église et bifurquer à gauche pour longer le cimetière. Arriver à la D 97 à l'angle du cimetière.

Hors GR > pour Bordencuve `1,2 km` **20 min** | 🛏 ✕

Après le cimetière, tourner à gauche, au château Lafant prendre à droite jusqu'à Bordencuve.

De **Montgaillard-Lauragais** à **Saint-Sernin** `3 km` 45 min 🚆

193 Tourner à droite sur le chemin de l'Enclos sur environ 50 m. S'avancer à gauche sur un chemin en pente douce. Après 300 m, bifurquer à droite. Garder la direction, franchir un ruisseau et remonter pour gagner le Dégo. Au hameau, aller tout droit et arriver à la D 97e ; l'emprunter à gauche, puis tourner à droite pour atteindre Saint-Sernin.

Hors GR® > pour Villenouvelle `800 m` **15 min** | 🛏 ✕ 🚌

Suivre le chemin de Saint-Sernin à gauche, puis la route de Mauremont (D 11) à gauche. Couper la D 813 et prendre en face.

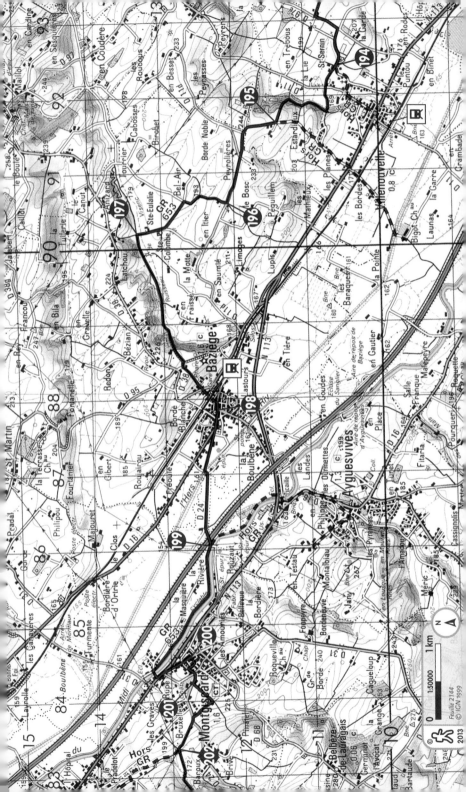

194 Au hameau, continuer en face sur un chemin empierré débouchant sur la D 11 à l'entrée de Villenouvelle. Traverser et continuer en face sur un large chemin herbeux. Juste après un ruisseau, prendre à droite. Longer un talus à gauche par un sentier qui rejoint un large chemin herbeux ; l'emprunter sur 30 m, puis prendre à droite une sente qui passe entre deux grands chênes et longe le ruisseau en le dominant. Au bout, monter à gauche et gagner une route au lieu-dit En Balès.

Hors GR® > pour Château Bigot `2 km` `30 min` 🖼 ✕

Suivre la route à gauche, couper la D 813 et continuer presque en face.

D'En Balès à Bazièe `5 km` `1 h 15`

195 Monter à droite, puis en haut, bifurquer à gauche et arriver rapidement dans un virage. Aller tout droit sur un chemin herbeux, puis sur une route.

196 À la Peyrelle (croix), tourner à droite, longer une clôture imposante, puis descendre sur un chemin herbeux. Au lieu-dit l'Abreuvoir (poteau et petite construction en briques), virer à gauche pour prendre un sentier très étroit dominant un champ. Par une route à gauche, puis à droite, passer devant la chapelle Sainte-Colombe et franchir un ruisseau.

197 Après le pont, s'avancer à gauche sur un chemin plat sur 1 km. L'itinéraire monte ensuite le long d'un grillage limitant un zoo. À la bifurcation, prendre à droite sur 75 m, puis à gauche. Descendre ainsi en direction du clocher de Bazièe. Passer sous la voie ferrée par la rue du Père-Colombier, puis tourner à droite dans la Grand'Rue. Atteindre le carrefour avec la D 16 au centre de Bazièe.

De Bazièe à Montgiscard `4 km` `1 h`

À Bazièe > 🍴 🛌 🚂

◉ > À l'époque romaine, la ville est connue sous le nom de Badéra, nom venant d'un gué qui servait à franchir la plaine marécageuse de l'Hers-Mort. Sous la D 24, se trouvent des petits ponts du XVIIe siècle bâtis sur la chaussée romaine.

198 Continuer dans la Grand'Rue, puis sur le chemin des Romains (D 24) le long du cimetière. Franchir l'Hers, l'autoroute A 61 et atteindre le canal du Midi.

Hors GR® > pour Ayguesvives `3 km` `45 min` 🖼 ✕

Suivre le chemin de halage à gauche, franchir le canal du Midi sur une passerelle et emprunter la D 16 à gauche.

199 Par le chemin de halage à droite, gagner l'écluse de Montgiscard, la longer et franchir le canal sur la passerelle [◉ > lavoir du XVIIIe siècle : ses installations, notamment la cheminée, permettaient de chauffer l'eau de lessive ; aujourd'hui plus utilisé, il est gardé par une troupe d'oies sauvages qui s'est installé pour le bonheur des riverains]. Passer sous les saules, tourner à droite avant la maison de l'éclusier. Prendre à gauche en longeant un garage. Marcher jusqu'au deuxième passage piéton et traverser la D 813. Bifurquer à gauche sur la route du Faubourg-de-Sers. Prolonger par la Grand'Rue de Montgiscard.

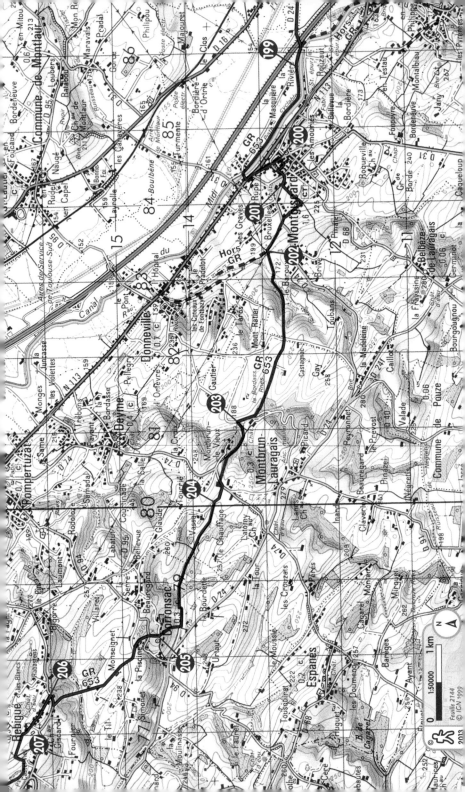

De Montgiscard à un pont · 1,5 km · 20 min ▭

À **Montgiscard** > ✕ 🍽 🚌 (🛏 et 🛒 au lieu-dit En Rouzaut)

👁 > L'église de Montgiscard possède un clocher-mur caractéristique de la campagne lauragaise. À l'intérieur, on peut voir une pièta en bois polychrome, un retable en marbre, bois et stuc, tous deux du XVIIe siècle.

200 Passer à droite sous une arche en briques et s'avancer, rue de la Place. Traverser la place du Boué et s'avancer dans la rue des Remparts. Prendre à gauche le rue des Tuiliers jusqu'à un carrefour. Suivre en face la direction de Montbrun sur 300 m.

201 S'engager à gauche sur un chemin qui rejoint une route. Traverser le hameau à droite et arriver sur la D 24 ; la longer vers la gauche sur 50 m (⚠ > **prudence !**). Emprunter sur la droite un chemin goudronné devenant rapidement enherbé et en légère descente. En bas, arriver à un pont.

Hors GR® > pour Donneville · 2 km · 30 min · 🏠 🔭 ✕

Longer le ruisseau sur sa droite, franchir la passerelle, emprunter le chemin herbeux à droite jusqu'à une route. Continuer tout droit jusqu'à un rond-point (village). Tourner à droite pour rejoindre la D 813. Suivre le trottoir à droite, traverser la départementale au passage souterrain.

D'un pont à Corronsac · 6 km · 1 h 40 ▭

202 Franchir à gauche un premier ruisseau, prendre la direction Corronsac et passer un second ruisseau. L'itinéraire tourne à gauche et monte jusqu'à une route. En face, emprunter le chemin de la Ginestière et prolonger par un sentier herbeux descendant dans un vallon. Plus loin, ne pas prendre le chemin en lisière du champ, mais celui qui passe sous les arbres. Arriver sur une route ; la suivre à droite sur 300 m.

203 Sur la gauche, un sentier en sous-bois conduit à une piste ; aller à droite sur 20 m, puis prendre un chemin herbeux, parfois très raviné, grimpant vers Montbrun-le-Vieux [👁 > en direction du sud, Montbrun-Lauragais et son moulin à vent construit en 1680 et qui a fonctionné jusqu'en 1960 ; en 1965, il est inscrit à l'inventaire supplémentaire des monuments historiques et après 10 ans de travaux, est en parfait état de marche ; depuis 2002, il génère une activité touristique]. Laisser le hameau à droite pour s'engager à gauche sur le sentier en légère descente, puis en légère montée, débouchant sur une route ; l'emprunter dans la continuité sur 50 m. S'avancer à droite sur le chemin de Vassal sur 250 m.

204 Descendre à gauche par un chemin herbeux dans une vallée. Après environ 1,2 km, rester sur le chemin principal qui franchit un ruisseau et passe devant un petit lotissement. Prendre le premier chemin à droite en empruntant un pontet. Grimper ainsi jusqu'à Corronsac à côté de l'église [👁 > cette église du XIIIe siècle serait, à l'origine, la chapelle d'une commanderie de Templiers ; un souterrain de 1 km la relierait au château d'Urtaut permettant à ces Templiers de ne pas être repérés par les troupes de Philippe-le-Bel].

MOULIN À VENT
À MONTBRUN-LAURAGAIS / PHOTO J.-P.B.

CLOCHER-MUR
À VILLEFRANCHE-DE-LAURAGAIS / Photo J.-P.B.

PATRIMOINE NATUREL

LES PAYSAGES DE LA GOUTTIÈRE DE L'HERS-MORT

Du seuil de Naurouze à Toulouse, une dépression orientée Est Ouest est bordée de molles collines. Le chemin de crête révèle un paysage sans obstacle.

Au sud, les Pyrénées, au nord-est, la Montagne-Noire, prolongement du Massif-Central, se sont heurtées à l'ère tertiaire, ouvrant une gouttière d'effondrement.

À l'ère quaternaire, les glaciations alternées ont en partie comblé d'alluvions cette faille, puis modelé plaines, collines et vallons. Les « Dreikanters », cailloux de forme pyramidale sculptés par les vents chargés de sable à cette époque, se retrouvent parfois sur les chemins.

Terre à blé depuis 3000 ans, les cultures alternent: les verts et ors des blés, concurrencés aux XVe et XVIe siècles par les verts et jaunes du pastel, la fleur flamboyante du tournesol, le brun des labours.

Le pastel a fait la fortune de quelques grandes familles. Abandonné par suite de la concurrence de l'indigo, son renouveau est dû à l'intérêt que lui a porté l'industrie.

PATRIMOINE BÂTI

TRACES ROMAINES

Le chemin antique longeait le marécage de l'Hers-Mort. Les Romains, en créant la via Aquitania (ou Tolosa) suivirent son tracé. La voie romaine large de 5 m, sur un remblai de cailloux de près d'un mètre sert d'assise à la D 818 jusqu'à Baziège. Un tronçon a été mis à jour entre Villenouvelle et Baziège en bordure de la D 818. La *Via Aquitania* était bordée de bornes milliaires espacées de 1000 « pas » romains (environ 1460 m) nécessaires à l'information des voyageurs, cavaliers et marchands appelés à la parcourir. L'une se trouve dans l'église de Baziège : elle porte gravé un « XV » indiquant les quinze milles romains jusqu'à Toulouse. La tradition veut que le contact avec la « sainte pierre » soigne les rhumatismes. Une autre est visible sur la Place-de-la-Garrigue à Montgaillard-Lauragais : elle est surmontée d'une croix.

Au gué de Baziège, une quinzaine de ponceaux voûtés en brique, « pountils » en occitan, bâtis au XVIIe siècle sur les fondations romaines supportent la chaussée de la D 24.

PATRIMOINE BÂTI

CONSTRUCTIONS ET CONTRASTES EN CHEMINANT

Près d'Avignonet-Lauragais, dont le clocher avec sa flèche à crochets domine les toits, s'alignent les éoliennes. À Baziège, les silos à grains, construits en béton, contrastent avec l'austère église de brique à l'aspect fortifié.

Depuis Avignonet, en allant vers l'ouest, la pierre blanche des bâtiments disparaît, la brique rose triomphe du clocher-mur de Villefranche-de-Lauragais jusqu'à Toulouse où pierre blanche et brique se côtoient dans la basilique Saint-Sernin. Les logements des paysans, les bordes, longues et basses, étalent leurs murs de briques rouges. Ces briques obtenues par moulage de l'argile provenant de lieux d'extractions proches devenues des mares, ont été tout d'abord séchées au soleil, puis cuites dans des fours. Les châteaux des propriétaires terriens trônent parmi les bordes des métayers.

Aujourd'hui, les métayers ont disparu. Les monocultures, rendues nécessaires par la mécanisation de l'agriculture, ont transformé les paysages.

De Corronsac à Mervilla   **6 km** **1 h 30** 🚶

205 Continuer en face en longeant le cimetière. Au carrefour, aller tout droit sur le chemin de Monseignet, puis continuer en face aux différentes intersections. La petite route franchit un vallon boisé, puis monte jusqu'à la D 95b. Marcher à droite sur 100 m.

206 Par la gauche, gagner l'église de Rebigue et poursuivre tout droit.

207 Sur la gauche, un sentier longe les clôtures d'un lotissement, puis passe entre des maisons en franchissant un petit pont. Prolonger par un chemin empierré, puis une route. Après l'arrêt de bus, obliquer à droite et filer tout droit par un chemin. S'engager ensuite sur un chemin herbeux rectiligne surplombant une station d'épuration. Après environ 1 km, traverser un ruisseau et tourner à droite pour monter par un chemin devenant rapidement sentier. À son extrémité, passer une chicane et poursuivre sur une route.

ÉGLISE DE MERVILLA / PHOTO J.-P.B.

208 Virer à gauche et, au bout de la ligne droite, prendre à droite une piste conduisant à l'église de Mervilla. À droite, rejoindre la D 95 (route des Crêtes) ; la suivre à gauche sur 400 m.

209 S'avancer à droite sur le chemin de Micas et continuer en face par un chemin creux bordé d'arbres.

De Mervilla à Pechbusque   **4,5 km** **1 h** 🚶

210 Au bout, prendre la route à gauche jusqu'à un portail. Tourner à gauche sur un large chemin herbeux menant à une route ; aller en face, puis tourner à gauche sur la D 35. Après 100 m, prendre à droite le chemin des Femmes, puis encore à droite le chemin de Lakanal (route) jusqu'à une bouche à incendie.

211 Descendre à gauche par le chemin de Modève. Au bosquet de chênes, bifurquer à gauche, puis tourner à droite au croisement en T (chemin du Bois-du-Merle). Traverser un bois et monter à Pechbusque.

De Pechbusque à une intersection   **2 km** **30 min** 🚶

212 Dépasser l'église Saint-Jacques à gauche et tourner à droite sur le chemin du Christ (calvaire). Descendre de suite à gauche par le chemin de Rouzède. Traverser une route, continuer en face en suivant une haie arborée. Contourner un centre apicole et poursuivre parallèlement à la route.

Hors GR® > pour Auzeville-Tolosane **2,6 km** **45 min** 🚍

À l'extrémité du champ, continuer tout droit par le chemin du Coustelas. Emprunter à gauche la D 35, descendre l'avenue de Suisse jusqu'aux feux, tourner à droite. Au rond-point, prendre la Route de Narbonne (deuxième rue à droite).

D'une intersection à Pouvourville   **1,5 km** **20 min** 🚶

213 À l'extrémité du champ, virer à gauche, monter un large chemin à droite de l'allée arborée 👁 > sur la droite, voir le jardin des Senteurs et des Couleurs adapté aux déficients visuels, accessible aux personnes à mobilité réduite] ; continuer en longeant la haie jusqu'au groupe scolaire de Pouvourville.

À Pouvourville > 🛒

214 Se diriger à droite vers l'église (chemin de Pechbusque). À gauche de l'église, emprunter le chemin de Narrade jusqu'au terrain de jeux.

215 Tourner à gauche, après la barrière métallique prendre l'allée de gauche, à l'extrémité descendre le chemin à droite. En bas, contourner le rond-point pour entrer dans la zone verte de Pech David. Après une dizaine de mètres, quitter l'allée et monter légèrement pour suivre un sentier à gauche. Retrouver une allée bétonnée. Partir à droite sur une large allée et, à l'aire de pique-nique, virer à gauche. Franchir une passerelle et arriver près d'un château d'eau.

Variante balisée par l'oppidum du Cluzel

De Pouvourville à un château d'eau `3 km` `50 min` ▱

214 Au groupe scolaire, prendre en face le chemin du Manel et prolonger par un chemin herbeux, puis par un étroit sentier dans un bois. Descendre des marches et arriver sur une route. Descendre à gauche par un escalier (marches en bois), traverser le chemin Flou-de-Rious, puis la route à droite (passage piéton). Monter à droite par la piste de Fondeville.

A Prendre à gauche le chemin du Cluzel. À l'oppidum, descendre par un sentier à gauche, traverser les champs enherbés, longer les falaises et monter vers le haut du coteau jusqu'au château d'eau.

D'un château d'eau à Toulouse (basilique Saint-Sernin) `7,5 km` `1 h 50` ▱

À Toulouse > 📷 🏛 ⛺ 🛒 🍴 ☕ ℹ️ 🚌 🚉 🛏

216 Longer la haie à droite (centre équestre), descendre des marches et traverser la route. Contourner un transformateur et le parking par la gauche jusqu'à l'entrée du stade Barran. Longer les terrains de sport par la gauche. Au dernier, suivre la sente qui, à gauche, rejoint la clôture de l'usine des eaux. Descendre le long du bois, puis de la voie ferrée. Continuer à gauche par la rue de la Charbonnière, franchir la rocade par le premier pont. Prendre à gauche la rue Rambaud jusqu'à la rue du Férétra.

217 Traverser et emprunter presque en face un passage piétonnier. Au bout, aller à gauche sur 40 m, traverser un petit parking et prendre à droite l'allée Henri-Seiller menant à l'avenue De-Lattre-de-Tassigny ; la traverser.

218 Avant la passerelle de la Poudrerie, descendre l'escalier à droite, emprunter l'allée cimentée sur la rive droite de la Garonne. À son extrémité, remonter sur la digue (⚠️ **> passage fermé en cas d'inondation, emprunter à droite le trottoir supérieur jusqu'à sa jonction avec la sortie de la piste cimentée**). Continuer sur le trottoir de gauche. Passer sous le pont Saint-Michel, contourner les immeubles et poursuivre à gauche jusqu'à la rue du Pont-de-Tounis ; la franchir et longer à droite le bord de la Garonne. Passer sous le Pont-Neuf et atteindre le port de la Daurade (⚠️ **> passage fermé en cas d'inondation, emprunter à droite le trottoir supérieur jusqu'à la rue Jean-Suau**).

219 Traverser le terre-plein herbeux du port vers la gauche, monter la pente à droite. En haut, tourner à gauche et emprunter de suite à droite la rue Jean-Suau. Poursuivre par l'avenue Gambetta jusqu'à la place du Capitole. Dans l'angle gauche, prendre la rue du Taur qui conduit à la basilique Saint-Sernin **220**.

LA TRADITION HOSPITALIÈRE DE TOULOUSE

Parce que Toulouse est très tôt, dès le Xe siècle, une plaque tournante des itinéraires pèlerins vers Compostelle, mais aussi vers St-Gilles, Rocamadour, Conques, Le Puy, Montserrat… les établissements hospitaliers abondent dans la cité. Jusqu'au XIXe siècle, il n'est pas toujours aisé de distinguer entre ce qui relève de l'accueil simple des pèlerins, et les lieux de soins et d'hébergement des pauvres et des miséreux. Citons, près de St-Sernin, les hôpitaux St-Raymond, St-Jacques-du-Bourg, de Grandselve, l'hôpital « St-Jacques du bout du pont », de l'autre coté de la Garonne, sur le chemin de Compostelle. Après la création de l'université de Toulouse au XIIIe siècle, nombre de ces hôpitaux deviennent des collèges. C'est la raison pour laquelle de nouveaux hôpitaux sont créés au XVIIe siècle, établissements de soins ou d'isolement de contagieux. De nos jours, Toulouse compte trois grands établissements rattachés au CHU et de nombreuses cliniques.

LES ORIGINES DE TOULOUSE

Des circonstances géographiques particulières expliquent parfaitement l'implantation de Toulouse. La Garonne qui coule en direction du nord-est reçoit l'Ariège sur sa rive droite, bute contre une terrasse alluviale haute d'une quinzaine de mètres et change dès lors de direction, vers le nord-ouest ; en cet endroit, le sol du fleuve est constitué de bancs de roche dure, créant des hauts-fonds, et donc des possibilités de gués. C'est également en ce lieu qu'aboutit, venant du sud-est la grande trouée qui sépare les Pyrénées du Massif Central, permettant un passage facile depuis la Méditerranée. Ainsi, la région de Toulouse peut-elle être en communication directe avec le monde méditerranéen par voie terrestre, avec l'Aquitaine et l'Océan par voie fluviale (la Garonne), avec le monde pyrénéen et ses vallées (marbres et bois des forêts) par ses affluents. À peu près à mi-distance des deux mers, la ville constitue ainsi un point de rupture de charge.

TOULOUSE PITTORESQUE

Comme de bien entendu, le Pont Neuf est… le plus vieux pont de Toulouse. François Ier en favorise la construction, pour remplacer les ponts vétustes qui risquent d'être emportés par les crues brutales de la Garonne. Construit en briques et en pierres, il a été un des premiers à bénéficier, afin d'être parfaitement ancré à la roche, du système des batardeaux, asséchant provisoirement et localement le lit de la rivière. Immédiatement en aval, on peut voir la dernière arche du vieux pont sur lequel ont cheminé tant de pèlerins avant de traverser l'hôpital St-Jacques.

À l'angle des rues Romiguières et des Lois, près de la Place du Capitole, se trouve l'Hôtel du Grand Balcon où logèrent les pilotes de l'Aéropostale, Mermoz, Saint-Exupéry, etc.

À coté de l'enfeu des Comtes du transept sud de St-Sernin, au milieu de pierres parfaitement appareillées et taillées sont insérés une énorme pierre brute, non taillée (vestige d'un culte préchrétien ?) et des fragments de sarcophages antiques.

LA PIERRE NON TAILLÉE
ET LES FRAGMENTS DE SARCOPHAGES ANTIQUES
À LA PORTE DES COMTES / PHOTO J.P.

PATRIMOINE BÂTI

DE SAINT-SERNIN À L'HÔTEL-DIEU SAINT-JACQUES AVEC LES JACQUETS

Avec un grand nombre de reliques à son actif, Toulouse était au Moyen Âge un lieu de pèlerinage très visité. Fondée pour abriter les reliques de saint Saturnin, la basilique Saint-Sernin, avec sa nef romane vertigineuse, son déambulatoire et ses neuf absidioles, s'impose comme un modèle de sanctuaire de pèlerinage. À la porte Miégeville, les jacquets étaient accueillis par une statue de saint Jacques côtoyant le magicien Hermogène qui s'inscrit dans la légende jacobite. La crypte recèle de multiples châsses aux reliques, et dans le déambulatoire, un buste reliquaire de saint Jacques en bois doré porte chapeau et coquilles.

Dominant la Garonne, l'Hôtel-Dieu Saint-Jacques situé sur l'emplacement de l'ancien Hôpital de Saint-Jacques-du-Bout-du-Pont, accueillait les pèlerins à la sortie de Toulouse. Une statue de pierre de saint Jacques (1716) domine le perron. À l'intérieur, les témoignages abondent : salle des Pèlerins, statue de bois (fin XVIe) de Jacques le Majeur, et dans la chapelle, vitrail du saint, apôtre aux coquilles en bois doré, personnage portant bourdon et besace sur le bas-côté d'un retable.

L'HÔTEL-DIEU SAINT-JACQUES, LE PONT NEUF
ET LA DERNIÈRE ARCHE DU VIEUX PONT / PHOTO J.P.

PARCE QUE VOTRE PASSION EST SANS LIMITE...

PassionRando
LE MAGAZINE DES PASSIONNÉS DE LA RAND

Découverte
Pyrénées-Orientale
entre mer et montagne

Coup de cœur
L'île de Ré
d'Allain Bougrain
Dubourg

Mémoire
Le sentier
des douaniers
en Bretagne

Suisse
La traversée
de l'Oberland

n°20 · Juillet-Août-Septembre 2011 · 3,90 € · www.ffrandonnee.fr

4 numéros par an pour :

- de randos d'ici et d'ailleurs
- d'infos pratiques
- d'implication en faveur
  des sujets de société
- d'infos locales

Conception : L2R

SPÉCIAL ADHÉRENT

Vous êtes adhérents de la Fédération,
vous pouvez payer votre abonnement
à **Passion Rando** 6 €
seulement en même temps que
votre cotisation annuelle

Contactez votre club de randonnée ou votre Comité
Départemental de la Randonnée Pédestre

Abonnez-vous via internet sur :
www.ffrandonnee.fr,
rubrique « **Passion Rando** »

ou

Abonnez-vous par courrier :
envoyez sur papier libre vos coordonnée
accompagnées d'un chèque de 12€ à l'or
de FFRandonnée à l'adresse suivante :
FFRandonnée, Service Abonnements
64, rue du Dessous-des-Berges 75013 P

FFRandonnée
www.ffrandonnee.f

✓ Ce topo-guide est l'aboutissement d'un projet initialisé par les Comités départementaux de la randonnée pédestre des Bouches-du-Rhône, du Gard, de l'Hérault, du Tarn, de l'Aude et de la Haute-Garonne.

L'ensemble du projet a été coordonné au plan interrégional par Laurent Besnard, salarié du Comité régional de la randonnée pédestre du Languedoc-Roussillon.

✓ Dans les Bouches-du-Rhône :
Le balisage et l'entretien de ce GR® sont assurés par les bénévoles du CDRP 13.
Le descriptif et les articles thématiques ont été rédigés par Paul Pomares (CDRP 13).

✓ Dans le Gard :
Le balisage et l'entretien de ce GR® sont assurés par les baliseurs du CDRP du Gard et le Conseil général du Gard.
Le descriptif et les articles thématiques ont été rédigés par Marcel Michel (CDRP 30).

✓ Dans l'Hérault :
Le balisage, l'entretien et la surveillance de ce GR® sont assurés par le CDRP 34 qui s'appuie sur les bénévoles du réseau associatif et des baliseurs FFrandonnée.
Le descriptif a été rédigé par le CDRP 34.
Le Conseil général de l'Hérault soutient financièrement le Comité dans le cadre d'une mission de requalification (étude juridique et technique), en relation avec les communes, les structures intercommunales, les offices de tourisme et Hérault-Sport - Office Départemental des Sports.
Le CDRP 34 remercie également pour leur concours Christophe Corp, Dorine Cerezo, Patrick Dufour, Dominique Gracia et Bernard Derrieu et les nombreuses personnes qui ont fait part de leur connaissance du terrain et de leur expérience.
Michel Bessière, président du CDRP 34 remercie les associations et les membres bénévoles du Comité pour leur contribution : Jean-Paul Leclere, Michel Villate, Christiane Chiado, Jean-François Keller, Freddy Teyssier, Robert Cochet, Gérard Faure, Jacques Capitanio, Christiane Escaut, coordonnés et conseillés par François Bou, chargé de mission randonnée.

✓ Dans le Tarn :
Le GR® 653 est un itinéraire classé d'intérêt départemental, aménagé et géré par le Conseil général du Tarn (Service Espaces et Paysages). Ce dernier fait appel à plusieurs partenaires pour assurer la gestion de ce parcours. L'entretien de cet itinéraire est confié à des entreprises d'insertion mandatées par le Conseil général parmi lesquelles le CPIE des Pays Tarnais ou encore le CAT de Viane.
Le balisage et la surveillance sont confiés au Comité départemental de la randonnée pédestre du Tarn et ses associations FFRandonnée.
Le descriptif et les articles thématiques ont été rédigés par : Daniel Barraille, Maurice Escudier, Max Lafon, Anne-Marie et André Léon-Lopez, Jacques Sicard, Nadine Sicard, Parc naturel régional du Haut-Languedoc (PNRHL), Roger Arenes, mairie de Lacaune, Patrick Urbano, Philippe Durand. Coordination : Christophe Plasson (CDRP 81).

✓ Dans l'Aude :
Le balisage et l'entretien de ce GR® sont assurés par René Rouquet et Bernard Herisson.
Le descriptif et les articles thématiques ont été rédigés par Éliane Pech (CDRP 11).

✓ En Haute-Garonne :
Le balisage et l'entretien de ce GR® sont assurés par les bénévoles des associations fédérées : La Randonnée Revéloise, Caminarem, Rando Plaisirs.
Le descriptif a été réalisé par Jean-Pierre Puech, Suzanne Izard, Jean-Pierre Benaben, Daniel Lelarge (CDRP 31).
Les auteurs des articles thématiques sont Pierre Lasnet et Jacques Pierron (CDRP 31).

✓ Le texte « Découvrir le sentier vers Saint-Jacques-de-Compostelle », les textes thématiques de l'Hérault et les textes spécifiques sur la thématique du pèlerinage ont été rédigés par Sophie Martineaud.

✓ Les photos sont de : Paul Pomares / CDRP13 (P.P.), Marcel Michel / CDRP30 (M.M.), Comité départemental du tourisme du Gard (CDT30), Christiane Escaut / CDRP34 (C.E.), Ville de Grabels (V.G.), François Bou / CDRP34 (F.B.), Robert Cochet / CDRP34 (R.C.), Daniel Leboucher / CDRP34 (D.L.), Laurent Frézouls / CDT81 (L.F.), Patrick Urbano / CG81 (P.U.), Christian Rivière / CDT81 (C.R.), Éliane Pech / CDRP11 (E.P.), Suzanne Izard / CDRP31 (S.I.), Jean-Pierre Benaben / CDRP31 (J.-P.B.), Jacques Pierron / CDRP31 (J.P.), Christophe Plasson CDRP81 (C.P.), Nicolas Vincent (N.V.).

Production éditoriale : Isabelle Lethiec. Développement et suivi collectivités locales : Patrice Souc et Victor Dabir. Assistante de direction : Sabine Guisguillert. Coordination éditoriale : Brigitte Bourrelier, Nicolas Vincent. Secrétariat d'édition : Nadine Vincent, Marie Fourmaux, Philippe Lambert. Cartographie : Nicolas Vincent, Olivier Cariot, Frédéric Luc. Mise en page : Élodie Gesnel. Suivi de la fabrication : Nicolas Vincent, Jérôme Bazin, Julie Bosser, Hélène Mercy. Lecture et correction : André Gacougnolle, Nathalie Giner, Anne-Marie Minvielle. Création maquette et design couverture : MediaSarbacane.

Les itinéraires de randonnée pédestre connus sous le nom de « GR », jalonnés de marques blanc-rouge, sont une création de la FFRandonnée. Ils sont protégés au titre du code de la propriété intellectuelle. Les marques utilisées sont déposées à l'INPI. Nul ne peut en disposer sans une autorisation expresse. Sentier de Grande Randonnée, Grande Randonnée pays, Promenade & Randonnée, Randocitadines, À pied en famille, Les Environs de… à pied, sont des marques déposées, ainsi que les marques de couleur blanc-rouge et jaune-rouge.

Les extraits de cartes figurant dans cet ouvrage sont la propriété de l'Institut géographique national. Toute reproduction est soumise à l'autorisation de ce dernier.

Les Conseils régionaux Provence-Alpes-Côte-d'Azur, Languedoc-Roussillon, Midi-Pyrénées, et les Conseils généraux du Gard, de l'Hérault et du Tarn, ont apporté leur soutien financier à cette publication.

2e édition : mai 2013 - ISBN : 978-2-7514-0627-0
© IGN 2013 © Fédération française de la randonnée pédestre 2013 - Dépôt légal : mai 2013
Achevé d'imprimer en France sur les presses de Corlet, Condé-sur-Noireau,
selon les normes de la certification PEFC®.